Werner Freudenberger (Hrsg.)

ORF KÄRNTEN HEUTE

Mond- und Heiligen-kalender 1998

VERITAS

Neue Kärntner Krone

Legende:

❥ Gesundheit, Schönheit
✦ Ernährung
✣ Küche, Haushalt
❀ Blumen, Pflanzen
✖ Sonstiges

* Dieser Heilige wird auf der folgenden Doppelseite mit Kurzlegende dargestellt.

1. Auflage (1997)
Gedruckt in Österreich
Lektorat: Bettina Müller, Wien / Hans Schlapschi, Puchenau
Umschlaggestaltung: Germana Kolmhofer, Hartkirchen
Grafiken: Otto Kolano, Leonding
Titelfoto: Fessl Photographie KEG, 9020 Klagenfurt
Alle anderen Bilder:
Heinz Ellerstorfer, St. Veit/Glan
Anton Fritz, Klagenfurt
Repro: Typeshop, Linz
Gestaltung / Satz: Buchstab & Note, Stefan Adamski, St. Georgen bei Salzburg
Druck und Bindung: LANDESVERLAG Druckservice Linz

ISBN 3-7058-0151-1

Vorwort

Viele Menschen sind mit ihrem Leben unzufrieden, weil der enorme Druck, den unsere Gesellschaft ausübt, den Rhythmen unseres Körpers widerspricht.
Man muß bis ins hohe Alter dynamisch, jugendlich und leistungsfähig bleiben und sich täglich ohne Zeichen von Schwäche immer größeren Anforderungen stellen. Wer nicht mitmacht, ist draußen, und wer mitmacht, treibt Raubbau an seinen Ressourcen. Jahrzehntelang gegen den Rhythmus des Körpers, der Naturgesetze oder der Umwelt zu leben, hat seinen Preis, behaupten immer mehr Mediziner.

Der vorliegende Mondkalender will nichts anderes, als Ihnen dabei zu helfen, sich die von der Natur vorgegebenen Rhythmen wieder bewußt zu machen. Zu spüren, daß es einen Wechsel gibt zwischen Höhepunkten und Tiefpunkten, zwischen Anspannung und Lockerung, helleren und dunkleren Phasen des Lichts und des Lebens. Ohne diesen Rhythmus, der sich auch im Alltag widerspiegeln sollte, wird das Leben eintönig, schal und oberflächlich. Wer sich nicht zurücknehmen kann, kann auch keine Höhepunkte setzen.

Man muß sich nicht sklavisch an die Details der Tagesempfehlungen halten. Der Mondkalender sollte eine Anregung sein, jene Dinge in der Natur zu beobachten und zu erspüren, die auch unsere Vorfahren fasziniert haben. Deren Beobachtungen und Erfahrungen rund um den Mondzyklus, die hier wiedergegeben sind, können ein Einstieg sein, die Rhythmen der Natur generell stärker wahrzunehmen und mit ihnen zu leben.

Werner Freudenberger

PS. Die große Beliebtheit des „Kärnten-Heute"-Mond- und Heiligenkalenders im Fernsehen hat mich auf die Idee gebracht, dieses Buch zu verfassen. Meinen Dank möchte ich der Mondärztin Dr. Andrea Caldera aussprechen, einer Medizinerin, die bei Therapien in ihrer Praxis seit Jahren und mit großem Erfolg Rücksicht auf die Mondzyklen nimmt. Sie hat die medizinischen Angaben dieses Kalenders überprüft. Mag. Gaby Reuther hat einen Großteil der Heiligenlegenden bearbeitet, und Dr. Eduard Mahlknecht, Konservator der Diözese Gurk, hat mir beim Heiligenkalender als Experte wertvolle Hilfe geleistet.

Jänner

1\. Woche

Do 1 **Neujahr** ➧ Unterschenkel und Venen schonen. Nährmasken und Heilsalben wirken besser als sonst. ✦ Zuführen aufbauender Stoffe ist nun wirksamer. Nahrungsqualität „Fette und Öl" wird nun gut verdaut. ✣ Brot backen, es wird lockerer. ✖ Günstiger Termin für alle Holzarbeiten.

Fr 2 **Basilius** ➧ Regenerierende und kräftigende Massagen sind empfehlenswert. Bachblüten-Therapie nun beginnen, sie ist noch effizienter. ✦ Mineralstoffe und Vitamine zuführen. ✣ Wohnung und Stall ausgiebig lüften. ✖ Milchverarbeitung ist heute gut anberaumt. ❀ Im Garten alles schneiden, was schnell nachwachsen soll.

Sa 3 **Genoveva*** ➧ Füße heute und morgen schonen. Alles Wohltuende und aufbauende Cremen wirken besser. Fußreflexzonenmassage ist besonders wirksam. Alle Fußbäder wirken günstig. ✣ Holzböden nur kehren, nicht feucht behandeln. ❀ Zimmerpflanzen gießen.

So 4 **Angelika** ➧ Keine Operationen an Füßen und Zehen durchführen. Nährbäder und Feuchtigkeitsmasken sprechen gut an. ✦ Kohlehydrate werden nun gut verdaut. Falls erforderlich, nun Mineralstoffe zuführen. ✣ Idealer Zeitpunkt, um Jungtiere zu entwöhnen ❀ Blumen gießen nicht vergessen.

2. Woche — Jänner

Mo 5

Emilie ➧ Migräneanfälligkeit nimmt in diesen Tagen zu. Wärmewirkung ist nun stärker, Vorsicht bei Föhn und Wärmebehandlung. ✦ Es empfiehlt sich, viel Wasser zu trinken. Eiweiß wird gut verdaut, Vorsicht bei Allergien. ✤ Ausgiebig lüften. ✖ Guter Tag für Installationsarbeiten.

Di 6

Heilige Drei Könige ➧ Aufbauendes für Kopf, Gehirn, Augen und Nase ist nun günstig. Regenerierende und kräftigende Massagen, auch Bioresonanz-Therapie wirken besser. ✦ Eiweißreiche Nahrung, Obst und Gemüse essen. ✖ Milch von heute bringt mehr Buttterertrag. ❀ Jetzt geschnittene Obstbäume treiben stärker aus.

Mi 7

Valentin ➧ Kehlkopf und Stimme schonen, bei Überempfindlichkeit Halstuch nicht vergessen. Keine Mandeloperation heute oder morgen durchführen lassen. Eingewachsene Nägel korrigieren ✤ Kurz lüften. Holzböden nur kehren, nicht feucht aufwischen.

Do 8

Erhard* ➧ Eigenbluttherapien sind heute günstig. Aufbauendes für Zähne, Kiefer und Hals wird empfohlen. Salze werden gut aufgenommen. Vorsicht bei Bluthochdruck. ✦ Heute wenig Fleisch essen, statt dessen mineralstoffreiche Nahrung bevorzugen.

Fr 9

Julian ➧ Schultern, Arme und Hände schonen. Regenerierende Massagen sind sinnvoll. Nährmasken und Heilsalben wirken besser als üblich. ✦ Fett und Öle werden nun gut verdaut. ✤ Heute ausgiebig lüften.

Sa 10

Paulus der Einsiedler* ➧ Wohltuendes für Schulter und Arme, keine Operationen in diesem Bereich. Haarspitzen schneiden, sie wachsen schneller nach. ✦ Mineralstoffe und Vitamine zuführen. ✤ Backwaren gelingen gut. Wohnung lüften. ❀ Ziergehölze auslichten.

So 11

Hyginius ➧ Rheumagefahr im Schulter- und Armbereich. Salben, Medikamente und Nährmasken wirken intensiver. ✦ Fett wird gut verwertet, Vorsicht bei Übergewicht! ✤ Ausgiebig lüften, Staub trocken wischen.

ORAKEL ZUM JAHRESWECHSEL

Kaum eine Silvesterfeier, bei der nicht Blei gegossen wird. Dieses Orakel ist uralt und war zeitweise sehr verpönt. Thomas von Aquin hat im 13. Jahrhundert eine umfangreiche Theorie des Aberglaubens aufgebaut und zählte das Bleigießen zu den verbotenen Arten des Losens, weil es auf die Entdeckung verborgener zukünftiger Ereignisse ziele, die Gott allein wisse.

In der ersten Nacht des Jahres ist für Abergläubische auch Nebensächliches wichtig. Denn, wie der Anfang so das Ganze, glauben sie.

Wer jetzt Geld hat, wird auch das ganze Jahr Geld haben.

Außerdem hieß es, man soll nicht hinfallen, nichts flicken oder ausleihen, aber früh aufstehen, singen und lustig sein.

In den ersten Jännertagen gegen Abend geschlagenes Holz verwest nicht, wird nicht von Würmern gefressen und wird härter, je älter es wird.

DREIKÖNIGSWASSER

Zu Dreikönig geweihtes Wasser wurde seit jeher für besonders wertvoll gehalten. Menschen, die es in ihrer Wohnung aussprengten, taten es zum Zeichen der Allmacht und der Nähe Gottes.

Gold, Weihrauch und Myrrhe, die Gaben der drei Magier aus dem Morgenland, stehen symbolisch für folgende Tugenden: Gold als Weisheitsschatz, Weihrauch stellvertretend für das Gebet und Myrrhe als Zeichen der Askese.

In ländlichen Bereichen wird in ritueller Art um Dreikönig der ganze Hof mit Weihrauch begangen, wobei man den Weihrauch auf einer Schale zum Glosen bringt. Diese Haussegnung wird zumeist von Familienangehörigen vorgenommen.

Arndorfer Altar, Maria Saal

Genoveva, 3. Jänner

Die heilige Genoveva lebte in Frankreich und führte ein zurückgezogenes, untadeliges Leben. Sie half Armen und Kranken, und als in Paris eine Hungersnot herrschte, brachte die Jungfrau Korn und Nahrung von den Bauern der Umgebung in die hungernde Stadt. Ohne Rücksicht auf die Seuchen kümmerte sie sich um die kranken Menschen. Sie ist Patronin von Paris, der Wachszieher, Hirten und Hutmacher, man ruft sie an um Schutz vor Augenleiden, Pest und Krieg.

Erhard, Windischbleiberg

Paulus, Mesnerhaus, Millstatt

Erhard, 8. Jänner

Ein berühmter Wanderbischof, der viele Klöster gegründet haben soll. Vor allem das Kloster Niedermünster bei Regensburg verehrt ihn sehr, denn dort wirkte er später selbst als Bischof in einer der ersten Diözesen Deutschlands. Die heilige Odilia erhielt angeblich bei der Taufe durch ihn das Augenlicht. Er ist deshalb auch Schutzheiliger bei Augenleiden, wacht über Viehherden und ist Patron der Schuhmacher. Zwei Kirchen sind ihm in Kärnten geweiht. In der Kirche von Windischbleiberg findet man die Szene mit der Taufe der heiligen Odilia am Hochaltar.

Paulus, der Einsiedler, 10. Jänner

Der Vater des Einsiedlerlebens war der Sohn reicher Leute in Ägypten. Er wird als Christ verfolgt und flieht in die Wüste. Die Legende erzählt, daß der heilige Antonius – ebenfalls Einsiedler – ihn aufsuchte, und da soll der Rabe, der täglich ein Brot für Paulus brachte, mit zwei Broten erschienen sein. Als Paulus stirbt, scharren zwei Löwen die Grube für seinen Leichnam aus, und Antonius legt den Toten zur Ruhe. Eine Abbildung ist in Millstatt am Mesnerhaus zu finden.

Dreikönig ohne Eis, Pankratius (12. 5.) weiß!

Jänner – hell und weiß macht den Sommer heiß.

Eis und Schnee im Januar kündigen ein gesegnet Jahr.

Auf trockenen kalten Januar folgt viel Schnee im Februar.

Jänner

3. Woche

Mo 12

Ernst ➧ Schlafstörungen sind heute häufiger als sonst. Guter Termin zum Abstillen. ✦ Ideal zum Fasten oder für einen Obsttag. Kohlehydrate werden gut verdaut. ✖ Schlachttermin, wenn saftiges Fleisch gewünscht ist. ❀ Blumen gießen nicht vergessen.

Di 13

Hilarius ➧ Galle schonen, Alkohol meiden. Beginn von Entschlackungs- und Schlankheitskuren. ✤ Nur kurz lüften. Holzböden nicht feucht wischen, nur kehren. ❀ Zimmerpflanzen gießen.

Mi 14

Felix ➧ Idealer Termin zum Haareschneiden und um eingewachsene Nägel zu korrigieren. Der Mond nimmt ab, Magnetismus, Kraft und Licht nehmen zu. Das Wärmeempfinden ist nun stärker. ✦ Eiweiß wird gut verdaut, wer Gewichtsprobleme hat, sollte Fleisch meiden.

Do 15

Maurus ➧ Massagen zur Entkrampfung und Entgiftung. Guter Zahnarzttermin. ✖ Guter Tag, um Düngung, Mist oder Jauche auszufahren. Günstiger Zeitpunkt für Milchverarbeitung, höherer Buttererertrag. Holz spalten und stapeln. ❀ Obstgehölze auslichten.

Fr 16

Marcellus ➧ Verdauungsprobleme sind häufiger. Idealer Tag für die Dauerwelle, sie hält länger. ✦ Vorsicht bei deftigen Speisen. Entschlackungs- und Schlankheitskuren nun beginnen. ❀ Zimmerpflanzen umtopfen. Stecklinge setzen.

Sa 17

Antonius der Einsiedler* ➧ Lösende und entgiftende Massagen sind wirkungsvoll. Salze werden gut aufgenommen. Bei Verdauungsproblemen Käsepappeltee trinken. Pflege von Problemhaut. Fuß- und Nagelpilz behandeln. ✤ Zäune und Pfosten setzen.

So 18

Priska ➧ Ableitende Reflexzonenmassage ist nun günstig. Das Kälteempfinden ist stärker. ✦ Schädliches zeigt weniger Wirkung (Alkohol etc.) ✤ Idealer Tag für Reinigungsarbeiten. Schuhe eincremen. Wohnung kurz lüften. ✖ Malerarbeiten sind günstig.

4. Woche Jänner

Mo 19

Marius ➧ Ableitendes und Reinigendes für die Niere wirkt gut. Massagen zur Entkrampfung und Entgiftung. ✦ Ideale Fastentage, viel trinken! ✤ Chemische Reinigung wirkt heute besser, da sich Problemflecken leichter entfernen lassen. ✖ Guter Termin zum Holzschlagen.

Di 20

Sebastian* ➧ Niere und Blase schonen. ✦ Viel Wasser oder Entwässerungstees für diese Organe trinken. Fett und Öle werden gut verwertet. ✤ Ausgiebig lüften. Guter Termin zum Brotbacken und Fensterputzen.

Mi 21

Agnes* ➧ Vorsicht bei Allergien. Besondere Schonung in der Schwangerschaft. ✦ Kohlehydrate werden gut verdaut. ✤ Stark verschmutzte Wäsche wird leichter sauber. Nur kurz lüften. ❀ Zimmerpflanzen gießen.

Do 22

Vinzenz* ➧ Stärkendes und Tees gegen Frauenleiden wirken günstig. Nägel schneiden, sie wachsen langsamer nach. ✤ Betten bei Rheumaanfälligkeit nicht im Freien lüften. ✖ Werkzeugholz nun schlägern. ❀ Blumen gießen und düngen.

Fr 23

Ildefonsus ➧ Operationen im Bereich der Geschlechtsorgane verschieben. Heilendes und Stärkendes für diesen Bereich wirkt günstig. Gegen Prostatabeschwerden vorbeugend Kürbiskerne kauen. Bäder zur Reinigung und Entschlackung. Kohlehydrate bei Allergien und Übergewicht meiden.

Sa 24

Franz von Sales* ➧ Schonen Sie Venen und Oberschenkel. Bei Skitouren kann es leichter zu Krämpfen und Ermüdungen kommen. Alle reinigenden Maßnahmen für Haut und Haar wirken besser. ✦ Eiweiß wird gut verwertet. ✖ Guter Termin für Milchverarbeitung.

So 25

Paul Bekehrung ➧ Ableitendes und Einreibungen für Oberschenkel und Venen wirken günstig. ✤ Reinigungs- und Putzarbeit jetzt erledigen. ✖ Gute Zeit für die Holzschlägerung, zum Holzspalten und -stapeln.

Antonius, Kappl an der Drau

Sebastian, Bürgerspitalkirche, Klagenfurt

Antonius, der Einsiedler, 17. Jänner

Berühmt und verehrt wurde der Heilige schon zu Lebzeiten wegen seiner Standhaftigkeit gegenüber den Versuchungen des Teufels, der ihn in seiner Eremitenhöhle in der Wüste Ägyptens quälte. Aus dem Zusammenschluß seiner Nacheiferer bildeten sich die ersten Klostergemeinschaften. Dargestellt wird er mit einem T-förmigen Stab, an dem eine Glocke hängt. Sie kündigte einst das Nahen von Bettlern und Aussätzigen an und erinnert an den Krankenpflegeorden der Antoniter. Verehrt wird er auch als Beschützer der Haustiere. Ein Schwein als Attribut ist Erinnerung an das Privileg der Schweinezucht des Ordens. In Kärnten sind ihm vier Kirchen geweiht: Gösselsdorf, Tauern, Sterzen und Windische Höhe.

Sebastian, 20. Jänner

Wegen seines Glaubens sollte der junge römische Soldat aus der Leibwache Kaiser Diokletians durch Pfeile sterben. Daraus entstand der mittelalterliche Glaube, er könne die von Gott gesandten Pestpfeile abwenden. Deshalb findet man seine Darstellung nicht nur in Kirchen, sondern auch an vielen Pestsäulen. Er wird als Schutzpatron der Soldaten und Schützenvereine und auch bei Viehseuchen angerufen. Eine bemerkenswerte Darstellung des pfeildurchbohrten Heiligen sieht man in der Bürgerspitalskirche in Klagenfurt.

25. Jänner – Pauli Bekehrung
Zu Pauli Bekehrung geschlagenes Holz fault nicht bis auf den Jüngsten Tag. Auch die beiden folgenden Tage sind gute Schlägerungstermine.

Agnes, Flügelaltar, Finkenstein

Franz von Sales, St. Gandolf

Agnes, 21. Jänner

Weil sie die Werbung des Sohnes des römischen Stadtpräfekten mit der Begründung ablehnte, sie sei Jesus versprochen, wurde die erst zwölfjährige schöne Patriziertochter zum Tod auf dem Scheiterhaufen verurteilt. Aber die Flammen wichen vor ihr zurück, woraufhin sie enthauptet wurde. Agnes wird immer im Fellkleid und mit einem Lamm dargestellt, das ihre Unschuld und Standhaftigkeit symbolisiert. Sie ist Schutzpatronin der jungen Mädchen. In Kärnten sind ihr vier Kirchen geweiht, eine davon in Korpitsch bei Arnoldstein mit einer spätgotischen Schnitzfigur der Heiligen.

Franz von Sales, 24. Jänner

Er ist der Heilige der Gegenreformation, der sich zu Ende des 16. Jahrhunderts aufmachte, die Kalvinisten zum katholischen Glauben zurückzuführen. Er bekämpfte sein aufbrausendes Naturell und wurde berühmt für die Sanftmut in seinen Predigten. Zusammen mit Franziska von Chantal gründete er den Orden der Salesianerinnen. Abgebildet wird er als Bischof, in der Hand oder über sich ein durchbohrtes, mit einer Dornenkrone umwundenes Herz zum Zeichen seiner Verehrung des Göttlichen Herzens Jesu.

Vinzenz (22.) mit Sonnenschein bringt Fruchtbarkeit dem Korn und Wein.

Watet St. Vinzenz im Schnee, gibt's viel Heu und Klee.

An Pauli Bekehr (25.) ist der Winter halb hin und halb her.

Jänner/Februar — 5. Woche

Mo 26
Titus ➧ Vermeiden Sie allzu starke Belastungen des Knochengerüstes. Das gezielte Dehnen von Muskeln ist hingegen sehr günstig in diesen Tagen. Das Kälteempfinden ist nun stärker. ✤ Gebäck von heute hält sich länger frisch. ✖ Klauen- und Hornpflege bei Tieren. ❀ Auslichten von Pflanzen und Hecken.

Di 27
Angela ➧ Schonung bei Meniskusproblemen. Warzen und Hühneraugen entfernen. Reichlich Brennesseltee zur Blutreinigung trinken. ✤ Heute nur kurz lüften. Gut für alle Reinigungsarbeiten. ✖ Bretter- und Bauholz schlägern. Schlachttermin für Schweine, da sie weniger Streßhormone bilden.

Mi 28
Manfred Neumond ist ein idealer Termin für alle Neubeginne und für die Realisierung guter Vorsätze. ➧ Bei Krampfadern langes Stehen vermeiden. ✦ Günstiger Fastentag; wer heute nichts ißt und nur Flüssigkeit zu sich nimmt, beugt vielen Krankheiten vor. ✤ Idealer Tag, um Ungeziefer und Mäuse loszuwerden.

Do 29
Valerius ➧ Bachblüten-Therapie sollte nun, bei zunehmendem Mond, begonnen werden. ✦ Fett und Öle werden gut verarbeitet. ✤ Ausgiebig lüften, die Sauerstoffaufnahme ist nun besonders wichtig. ✖ Guter Termin für Feste, Feiern, aber auch Reisevorhaben.

Fr 30
Martina ➧ Schonen Sie Ihre Füße, gönnen Sie ihnen Wohltuendes und Kräftigendes, Cremen und Fußbäder. Reflexzonenmassagen an den Füßen sind effektiver als sonst. ✤ Holzböden kehren, nicht feucht behandeln. ✖ Kälber vom Muttertier entwöhnen. ❀ Zimmerpflanzen gießen.

Sa 31
Johannes Bosco ➧ Salben und Medikamente sprechen besser an als üblich. Operationen an den Füßen sollten verschoben werden. Regenerierende und kräftigende Massagen sind ratsam. ✦ Vitamine und Spurenelemente werden gut aufgenommen, Kohlehydrate besser als sonst verwertet. Giftiges, etwa Alkohol und Nikotin, wirken stärker.

So 1
Brigitte ➧ Streß vermeiden, Kopfschmerzgefahr ist nun größer. Raschere Ermüdung, schlecht für Konferenzen und Schularbeiten. ✦ Eiweiß wird gut verwertet. ✤ Milchverarbeitung und Brotbacken heute und morgen günstig.

Februar

Mo 2

Maria Lichtmeß* ➧ Migräneanfällligkeit ist größer als sonst. Operationen im Kopfbereich wenn möglich verschieben. ✦ Viel klares Wasser trinken. Eiweißreiche Nahrung viel Obst und Gemüse sind zu empfehlen. ✤ Ausgiebig lüften. Brot backen.

Di 3

Blasius* ➧ Hals und Stimmbänder schonen, die Empfindsamkeit ist größer. ✦ Salze und Vitamine werden nun gut aufgenommen. ✤ Nur kurz lüften. Fußboden nicht naß behandeln. ✖ Kälber und andere Jungtiere entwöhnen.

Mi 4

Veronika* Magnetismus, Kraft und Licht nehmen zu. ➧ Regenerierende und kräftigende Massagen sind günstig. Operationen im Zahn- und Kieferbereich verschieben. ✤ Guter Tag zum Brotbacken.

Do 5

Agatha ➧ Alles Kräftigende und Aufbauende ist günstig. Aufbauende Nährmasken und Heilsalben wirken besser als sonst. Günstig für Bioresonanz-Therapien, Bachblüten- oder Eigenbluttherapien. ✤ Fußböden nur trocken reinigen.

Fr 6

Dorothea* ➧ Schulter und Arme schonen bzw. bei Problemen einreiben. Gezielte Schultergymnastik wirkt nun besonders gut. ✦ Fett und Öle werden gut verwertet. ✤ Milchverarbeitung ist nun günstig. Ausgiebig lüften, Pflanzen umtopfen.

Sa 7

Richard Das Wetter schlägt gern um in diesen Tagen. ➧ Rheumaanfällige leiden nun häufiger unter Beschwerden. Auch die Lichtempfindlichkeit ist stärker. ✤ Backwaren werden lockerer. Ausgiebig lüften! ✖ Schneebrille bei Touren nicht vergessen.

So 8

Johann ➧ Magen, Leber und Galle schonen. Vorsicht bei Allergien! Nährbäder und Feuchtigkeitsmasken sind wirkungsvoller. ✦ Leichte Speisen bevorzugen, Kohlehydrate werden gut verdaut. ❀ Zimmerpflanzen gießen. Kompost feststampfen.

Ab Mitte der 4. Woche bis 28. Jänner sollten nach alten Bauernregeln die Schweine geschlachtet werden. Denn es galt, bei altem Schein (abnehmender Mond) geräucherter Speck wird weder gelb noch wurmstichig.

1. FEBRUAR
Ante-Pante-Kirchlein-Tragen in Eisenkappel
An diesem Tag werden selbstgebastelte, mit Buntpapier überzogene Kirchenmodelle unter deutschen und slowenischen Gebeten auf das Wasser der Vellach gesetzt. Ein Ritus, der wahrscheinlich auf ein Gelübde gegen die Überschwemmung durch die Vellach zurückgeht.

2. FEBRUAR – MARIA LICHTMESS
steht am Ende des Weihnachts- und zu Beginn des Osterfestkreises und war früher der Beginn des ländlichen Arbeitsjahres, ein Zinstag für Bauern und der Tag des Dienstbotenwechsels. Der Tag wurde mit einem freien Tag und gutem Essen gefeiert, man befragte die Kerzen als Orakel und sah den Termin als Lostag für das Wetter an.

5. FEBRUAR – AGATHA
An diesem Tag findet in Stein im Jauntal nach dem Festgottesdienst das sogenannte Stritzl-Werfen statt. Eine Brotspende der Bauern und Bäcker vom Gang der alten Meierei durch die Chorsänger und Pfarrangehörigen. Die Brote sollen für Menschen, Tiere und Felder Fruchtbarkeit, Glück und Gesundheit symbolisieren.

Blasius, Diözesanmuseum Klagenfurt

Blasius, 3. Februar

Menschenliebe und Hilfsbereitschaft zeichnen den Bischof von Sebaste in Anatolien aus. Als er sich vor der Christenverfolgung Diokletians in einer Höhle versteckt, tragen ihm Vögel Nahrung zu. Er wird gefunden, weil alle Tiere bei ihm Zuflucht suchen. Während seines Martyriums wird seine Haut mit eisernen Wollkämmen zerfetzt, schließlich wird er enthauptet. Seine Attribute sind Hechelkamm, Kerzen und – in Erinnerung an ein Wunder – ein Schweinskopf. Er ist Patron der Wollweber und wird als einer der 14 Nothelfer zum Schutz der Tiere angerufen. Seit dem 16. Jahrhundert lebendig ist der Blasiussegen, der gegen Krankheiten, insbesondere Halsweh schützen soll. In Kärnten wird Blasius in Friesach, Fresach und Mattling im Lesachtal verehrt.

Veronika, Pfarrkirche Thörl

Veronika, 4. Februar

Die Legende erzählt, sie habe Jesus auf dem Kreuzweg ihr Kopftuch gereicht, damit er seinen Schweiß trocknen könne. Wunderbarerweise soll sich darin das Antlitz Christi erhalten haben. Diesem Schweißtuch werden viele Heilungen zugeschrieben, bis heute wird es hoch verehrt. Die heilige Veronika ist Patronin der Wäscherinnen und Leinwandhändler. Eine der schönsten Darstellungen hat Thomas von Villach in der Pfarrkirche von Thörl gemalt.

Dorothea, 6. Februar

Wie Agnes wird das junge schöne Mädchen von einem einflußreichen Römer zur Frau begehrt und, weil sie dem Christentum nicht entsagen will, gefoltert und zum Tod verurteilt. Auf dem Weg zum Richtplatz wird sie verspottet und aufgefordert, Rosen und Früchte aus dem Paradies zu schicken, wenn sie sich schon so darauf freue. Der Spötter bekommt was er wollte und wird dadurch bekehrt. Deshalb wird Dorothea mit einem Blumenkorb dargestellt. Sie wird verehrt als Nothelferin bei Armut, falscher Anschuldigung und in Geburts- und Todesnöten.

Ist's zu Lichtmeß hell und rein, wird ein langer Winter sein, wenn es aber stürmt und schneit, ist der Frühling nicht mehr weit.

Lichtmeß im Klee – Ostern im Schnee.

Drückt die Kälte aufs Land, nach Lichtmeß steigt sie auf die Berge.

Sankt Dorothee (6.) bringt den meisten Schnee.

Februar

Mo 9

Apollonia ➧ Alles Aufbauende und Kräftigende wirkt nun besonders gut, vor allem für Galle und Leber. Auch das Selbstbewußtsein steigt in diesen Tagen. ✖ Guter Termin für Installationsarbeiten. ❀ Blumen gießen und düngen.

Di 10

Scholastika* ➧ Alles Stärkende für Herz und Kreislauf wirkt heute gut. ✦ Eiweiß wird gut verarbeitet. Vorsicht bei Allergien. Vorsicht bei allen Wärmebehandlungen, die Wärme wirkt stärker als üblich. Idealer Termin für den Haarschnitt, das Haar wird kräftiger. ✤ Ausgiebig lüften.

Mi 11

Adolf Der Säftestand ist nun am höchsten, der Einfluß des Mondes auf die Seele ist besonders intensiv. ➧ Sensible Menschen neigen zu Schlafstörungen. Geburten sind um Vollmond häufiger, es ist auch ein guter Termin zum Abstillen. ✦ Leichte Kost oder fasten ist heute günstig.

Do 12

Eulalia ➧ Der Kreislauf ist aktiver, Herzklopfen und schlaflose Nächte kommen häufiger vor. Überanstrengung sollte man meiden. ✦ Entschlackungs- und Schlankheitskuren nun beginnen. ✤ Idealer Tag für alle Reinigungsarbeiten.

Fr 13

Herlinde ➧ Verdauungsorgane und Nerven schonen. Guter Termin für Zahnbehandlungen. Ideale Tage für die Dauerwelle, sie hält länger. ✤ Gute Tage für anstrengende Alltagsarbeiten. ✖ Mist ausfahren, Zäune und Pfosten setzen; sie halten besser in der Erde.

Sa 14

Valentin* ➧ Guter Termin, um Blutreinigungs- und Entschlackungstees zu trinken. Massagen für Entkrampfung und Entgiftung wirken besonders wohltuend. ✤ Guter Zeitpunkt zum Holzschlagen, Mist- und Jaucheausfahren. Ungezieferbekämpfung ist effektiver.

So 15

Siegfried Alles nimmt nun mehr Luft und Licht auf. ➧ Lösende, entgiftende Kuren und Massagen sind günstig. Niere und Blase sollte man schonen oder bei Problemen Teekuren ansetzen. ✤ Gute Zeit zum Fensterputzen. ❀ Im Garten kann man schneiden, was langsam nachwachsen soll.

Juliana ➧ Gymnastik für Hüfte und Beckenbereich. Viel trinken, um Nieren- und Blasenproblemen vorzubeugen. ✦ Fette und Öle werden gut verwertet. ✤ Ausgiebig lüften. Guter Termin für den großen Hausputz. ✖ Gute Zeit für Malerarbeiten und um Schädlinge zu bekämpfen.

Mo 16

Benignus ➧ Entschlackungs- und Schönheitskuren sind wirkungsvoll. Operationen an Niere, Blase und Prostata verschieben. ✤ Schimmelflecken heute mit Essig abreiben. Matratzen und Bettzeug lüften. ✖ Guter Termin zum Holzschlägern.

Di 17

Susanna ➧ Schwangere sollten sich nun besonders schonen. Kürbiskerne kauen, das wirkt vorbeugend gegen Prostatabeschwerden. ✦ Kohlehydrate werden gut verarbeitet; wer zu Übergewicht neigt, sollte allerdings Vorsicht walten lassen. ❀ Zimmerpflanzen düngen und gießen.

Mi 18

Konrad von Parzham ➧ Entschlackungskuren sind nun wirkungsvoll. Operationen an den Geschlechtsorganen wenn möglich verschieben. Nägel schneiden, sie wachsen langsamer nach. ✤ Reinigungsarbeiten sind erfolgreicher als sonst. Problemflecken lassen sich leichter entfernen.

Do 19

Eucherius ➧ Oberschenkel und Venen nicht strapazieren. Muskelkrämpfe sind nun häufiger möglich. Wohltuendes und Kräftigendes für diesen Bereich wirkt günstig (Massagen!). ✦ Eiweiß wird gut verarbeitet. ✤ Das Anheizen neuer Öfen und Feuerstellen ist nun günstig. ✖ Heute verarbeitete Milch bringt mehr Butter.

Fr 20

Petrus Damian – Faschingsamstag Schädliches zeigt heute weniger Wirkung. ➧ Schonung bei Anstrengungen im Freien, die Erkältungsgefahr ist größer. Lösende und entgiftende Massagen sind ratsam. Warzen und Hühneraugen kann man erfolgreich entfernen. ✦ Gute Zeit für alle Entschlackungskuren. ✤ Ausgiebig lüften.

Sa 21

Margaretha von Cortona* ➧ Knie, Knochen und Gelenke nicht überbelasten, durch stärkende Maßnahmen kräftigen. Keine schweren Lasten tragen. Eingewachsene Nägel behandeln. Enthaarung hält nun länger an. ✖ Idealer Termin für die Pflege der Klauen und des Fells bei Haustieren.

So 22

FASCHING
Fröhliche Faschingsumzüge mit überlieferten Gestalten, mit brauchtümlichen Gruppen gibt es in ganz Kärnten. Große Tradition haben auch Narrensitzungen und Faschingspredigten, dabei werden örtliche Geschehnisse fröhlich, in Vierzeilern, angeprangert.
Einen interessanten Faschingsbrauch kennt man im Südosten unseres Landes (im Jauntal und in Bleiburg), ein Burschenbrauch, das sogenannte „Blochziehen“. Es gilt als symbolische Bestrafung der ledigen Mädchen eines Ortes, in dem es im vorangegangenen Jahr keine Hochzeit gab.
Dort und da ist es noch üblich, den Fasching als Strohpuppe, als Weinflasche oder Baßgeige zu verbrennen, zu ertränken oder zu begraben.

KÜCHENTIPS
Schmeckt Schaffleisch zu streng, so muß es vor der Zubereitung in Buttermilch eingelegt werden. Man kann es auch mit Senf oder einer Zwiebelhälfte vor dem Anbraten einreiben.
Aus Buttermilch kann man einen Weichkäse herstellen, indem man die Milch durch ein Säckchen laufen läßt, das dann einige Tage lang aufgehängt bleiben muß. Der darin befindliche Weichkäse läßt sich beliebig mit Salz, Kümmel, Schnittlauch und Kräutern abschmecken.

Valentin, 14. Februar

In seiner Person verschmelzen mehrere historische Gestalten. Wie am Hochaltar von Glainach wird Valentin zusammen mit einem verkrüppelten Buben dargestellt, den ein Bischof dieses Namens geheilt haben soll. Der Brauch, an diesem Tag Blumen zu schenken, weist auf einen Mönch Valentin hin, der allen Vorübergehenden Blumen aus seinem Garten geschenkt habe. Angerufen wird er bei Fallsucht und gilt als Stifter einer guten Heirat.

Scholastika, Flügelaltar, Stiftskirche Ossiach

Margaretha, Klosterkirche St. Veit

Scholastika, 10. Februar

Sie liebte ihren Bruder, den heiligen Benedikt über alles, als eine der ersten führt sie seine Ordensregeln in ein Frauenkloster ein. Zu ihren Attributen gehört neben Abtstab und Regelbuch eine Taube, weil Benedikt in ihrer Todesstunde ihre Seele als weiße Taube gegen Himmel fliegen sieht. Scholastika wird auch als Wetterheilige verehrt, weil sie einmal Gott um ein Gewitter gebeten haben soll, damit ihr Bruder ein bißchen länger bei ihr bliebe.

Margaretha von Cortona, 22. Februar

Neun Jahre lebte sie mit einem Edelmann in wilder Ehe. Als er stirbt, führt sie sein Hund zu dem tagelang verschwundenen Leichnam. Der Anblick des verwesenden Körpers bewirkt ihre Bekehrung, sie tritt in einen Franziskanerinnenorden ein und verbringt die Jahre bis zu ihrem Tod 1297 in strenger Buße. Auf den Bildern ist sie mit den Büßerattributen Geißel und Totenkopf und einem kleinen Hund zu sehen. Zum Beispiel in der Klosterkirche in St. Veit.

Im Februar sieht der Bauer lieber einen Wolf übers Feld gehen
als einen Knecht in Hemdsärmeln.

Wenn die Katze im Februar in der Sonne liegt,
sitzt sie im März hinter dem Ofen.

Rauher Nord im Februar meldet an ein gutes Jahr.
Wenn er aber jetzt nicht will, bläst er sicher im April.

Februar/März

9. Woche

Mo 23

Romana – Rosenmontag ➧ Bei Meniskusschwäche sind Einreibungen und Umschläge heute besonders günstig. Ideale Zeit für Zahnbehandlungen und Zahnsteinentfernung. ✦ Salze werden nun gut verwertet. ✤ Guter Termin zum Holzschlagen und Auslichten.

Di 24

Matthias* ➧ Operationen an Knie, Knochen und Gelenken, wenn möglich, verschieben. Extreme Belastungen des Stützapparates vermeiden. ✦ Guter Termin zum Fasten; Schlankheitstage sind nun effektiver. ✤ Falls kein Bodenfrost gegeben ist, idealer Tag für Erdarbeiten und Holzschlägerungen.

Mi 25

Walpurga* – Aschermittwoch ➧ Gefahr von Venenentzündung nimmt zu; Beine bei Problemen öfters hochlagern. ✦ Der Aschermittwoch ist der günstigste Fastentermin im Mondkalender. Die Entgiftungsbereitschaft ist heute und morgen am größten. Fett wird gut verwertet. Entschlackungskuren morgen beenden.

Do 26

Mechthild* Idealer Termin für alle Neubeginne und zur Verwirklichung guter Ideen. ✦ Idealer Fasttag. ✖ Idealer Schlägerungstermin; Tannenholz, das nun gefällt wird, ist für den Bau von Kaminen geeignet. Es gilt als nicht brennbar.

Fr 27

Leander Der Körper atmet nun wieder ein, nimmt verstärkt auf. ➧ Fußbäder und -pflege sind nun ideal, auch die Fußreflexzonenmassage wirkt besonders entspannend. ✦ Heute und morgen werden Kohlehydrate gut verdaut. ✖ Jungtiere können leicht entwöhnt werden. ❀ Zimmerpflanzen gießen.

Sa 28

Roman Kraft, Licht und Magnetismus nehmen wieder zu. Das Selbstbewußtsein steigt. ➧ Alles Aufbauende und Kräftigende wirkt günstig. Vor allem im Bereich der Füße und Zehen. Nährmasken, Cremen und Kurpackungen wirken intensiver. ❀ Zimmerpflanzen gießen.

So 1

Albin ➧ Bachblüten- oder Bioresonanz-Therapie jetzt beginnen. ✦ Heute und morgen keine Süßigkeiten und Kaffee, als Vorbeugung gegen Migräne, die nun häufiger auftreten kann. Eiweiß wird gut verwertet. ✤ Ausgiebig lüften. ❀ Reiser für Stecklinge schneiden.

10. Woche

März

Karl ➧ Der Kopf ist heute empfindlicher als sonst. Achten Sie auf die erhöhte Hitzeempfindlichkeit in diesen Tagen. ✤ Brot backen, allerdings darauf achten, daß die Hitze heute stärker wirkt. ❀ Obstbäume veredeln. Pflanzen, die schnell nachwachsen sollen, schneiden.

Mo 2

Kunigunde* ➧ Salze werden gut aufgenommen; gute Zeit für Schüssler-Therapiesalze. Zugluft meiden, Hals und Stimmbänder schonen. Eingewachsene Nägel behandeln. ❀ Obstgehölze setzen, sofern es Witterung und Boden zulassen.

Di 3

Kasimir ➧ Halsentzündungen sind nun wahrscheinlicher, bei Empfindlichkeit ein Halstuch nicht vergessen. Salben und Arzneien wirken nun besser. ✦ Mineralstoffreiche Nahrung sollte am Speiseplan stehen. ✤ Nur kurz lüften ✖ Günstige Zeit für Installationsarbeiten.

Mi 4

Gerda ➧ Schultern und Arme schonen, Operationen in diesem Bereich, wenn möglich, verschieben. Gute Zeit für Aromatherapien. ✦ Achten Sie auf Ihren Fettkonsum in diesen Tagen; Fette werden besonders gut verarbeitet. ❀ Rosen bis auf drei Augen zurückschneiden.

Do 5

Fridolin* ➧ Rheumagefahr im Schulter- und Armbereich. Straffende und kräftigende Massagen sind nun sinnvoll. ✤ Gebäck wird nun besonders locker. Ausgiebig lüften. Staub trocken wischen.

Fr 6

Felicitas ✦ Achten Sie auf Ihren Konsum von Semmeln, Brot und Mehlspeisen, Kohlehydrate werden heute gut verwertet. ✖ Wassertage sind gut geeignet für Uferschutz- und Drainagearbeiten. Die Erde bindet Feuchtigkeit, Säfte ziehen nach unten. ❀ Blumen gießen nicht vergessen.

Sa 7

Johann von Gott* ➧ Gallenblase und Magen schonen. ✦ Leichte Ernährung und Verzicht auf Alkohol sind empfehlenswert. ✤ Schädlinge in der Wohnung mit ätherischen Ölen bekämpfen. ❀ Im Glashaus kann man schon Blattgemüse säen. Zimmerpflanzen gießen.

So 8

25. FEBRUAR – ASCHERMITTWOCH
Von diesem Tag an werden bis Ostern in den Kärntner Kirchen die Hochaltäre zum Großteil mit Fastentüchern verhängt. Diese oft sehr alten und wertvollen Tücher sind mit Bildern der Leidensgeschichte bemalt. Das bekannteste und berühmteste ist das Gurker Fastentuch, das zweitälteste das Hainburger Fastentuch.
Diese Gepflogenheit gibt es, außer in Kärnten, nur sehr selten in Österreich. Der Brauch dürfte aus Westfalen kommen, wo man allerdings nicht bemalte, sondern in erster Linie bestickte Fastentücher verwendet.

Matthias, 24. Februar

Als durch den Verrat des Judas die Zwölfzahl der Apostel zerstört worden war, wurde Matthias durch das Los an Judas' Stelle bestimmt. Der Legende nach hat er in Judäa und Äthiopien das Evangelium verkündet und soll während seiner Missionstätigkeit gesteinigt und mit dem Beil erschlagen worden sein. Deshalb wird er mit Buch, Beil, Steinen und Schwert dargestellt. Er ist Patron der Schmiede, Tischler, Metzger, Schneider, Bauhandwerker und Zuckerbäcker. Ihm ist die Kirche in Flattach geweiht.

Walpurga, 25. Februar

Geboren 710 in England als Tochter des heiligen Richard, kam sie im Zuge der Missionsarbeit des heiligen Bonifatius nach Süddeutschland, wo sie als Äbtissin wirkte. Sie war ein großes Organisationstalent, eine vorzügliche Lehrerin und wurde schon zu Lebzeiten wie eine Heilige verehrt, weil niemand von ihr gehen mußte, ohne Hilfe erhalten zu haben. Tropfen, die ihre Grabplatte von Zeit zu Zeit absondert, gelten als heilkräftiges Walpurgisöl. Abgebildet wird sie als Äbtissin mit einem Fläschchen und drei Ähren, weil sie ein Kind vor dem Hungertod gerettet hat. Im Görtschitztal ist ihr eine Kirche geweiht.

Mechthild, St. Ulrich bei Maria Rain

Mechthild, 26. Februar

Ihr Name bedeutet „mächtige Kämpferin". Schon mit sieben Jahren kam sie ins Kloster, schon bald wird sie wegen ihrer mystischen Betrachtungen und Gottesvisionen berühmt. Ihre schweren körperlichen Leiden betrachtet sie als Gnade, als Erleben der Nähe Gottes. Dargestellt wird sie mit einem Buch. Ihre Fürbitte soll gegen Blindheit helfen.

Fridolin, 6. März

Wahrscheinlich ist er als Wandermönch im 10. Jahrhundert von Irland nach Alemannien gekommen, um dort ein Kloster zu gründen und die Bewohner vom Arianismus zu bekehren. Die Legende berichtet, er habe einen Toten erweckt, um durch dessen Aussage ein gerechtes Urteil in einem Rechtsstreit zu erwirken. Deshalb sieht man ihn meist zusammen mit einem Skelett. Fridolin gilt als Patron der Schneider, er wird bei Arm- und Beinleiden, bei Wassergefahr und Viehseuchen angerufen.

Kunigunde, Zweinitz

Kunigunde, 3. März

Eigentlich wollte diese Heilige ihr Leben in Keuschheit und Jungfräulichkeit verbringen, mußte aber aus Staatsraison den späteren deutschen Kaiser Heinrich II. heiraten, mit dem sie eine geschwisterliche, glückliche Ehe geführt haben soll. Ein Fresko in Oberwollanig bei Villach zeigt Kunigunde mit Pflugscharen beim Gottesurteil, dem sie sich stellte, nachdem sie der Untreue bezichtigt worden war. Unbeschadet ging sie über das glühende Eisen und hat so ihre Unschuld bewiesen. Als Stifterin vieler Klöster und Kirchen wird sie auch mit einem Kirchenmodell in der Hand dargestellt.

Johannes von Gott, 8. März

Jahrzehntelang war er ein Abenteurer, bis ihn eine Predigt des Johannes von Avila zu einem Leben strengster Entsagung und tätiger Nächstenliebe veranlaßt. 1540 gründet er den Orden der Barmherzigen Brüder. Er ist Schutzpatron der Krankenhauser und der Buchhandler. Dargestellt wird er im Ordensgewand mit der Dornenkrone auf dem Kopf, oft auch mit Granatapfel und dem Jesuskind, das ihm prophezeit hatte, er würde in Granada sein Kreuz finden, und mit Bettlern und Kranken zu seinen Füßen. Eine bemerkenswerte Darstellung gibt es in der ehemaligen Bürgerspitalkapelle in Bleiburg.

Johannes von Gott, Bürgerspitalkapelle Bleiburg

Trifft Matthäus (24.) stürmisch ein, wird's bis Ostern Winter sein.

Ist Kunigunde (3.) tränenschwer, dann bleibt gar oft die Scheune leer.

Mo 9

Franziska ➧ Kein guter Termin für Herzoperationen. Guter Tag für den Haarschnitt und die Haarpflege. ✦ Pflanzliches Eiweiß wird besonders gut verarbeitet. ✤ Die Hitzeempfindlichkeit ist nun größer, zuviel Sonne könnte schaden.

Di 10

40 Märtyrer* ➧ Salben und Medikamente wirken nun besser, vor allem Herzstärkungsmittel. ✦ Frisches Obst und Gemüse sind die ideale Ernährung für diesen Tag. ✖ Guter Tag für die Milchverarbeitung und zum Brotbacken. ❀ Obstbäume setzen oder veredeln, so es die Witterung zuläßt.

Mi 11

Theresia Gesteigerte Kreativität bei Schauspielern und Sängern. ➧ Aufbauende und stärkende Maßnahmen für den Körper wirken besonders gut. ✤ Ausgiebig lüften. ❀ Rosen pflanzen und schneiden; sie wachsen rasch und kräftig nach.

Do 12

Engelhard ➧ Operationen im Darmtrakt verschieben. Hausmittel für diesen Bereich wirken besser als sonst. ✦ Verzichten Sie auf schwere Speisen, schonen Sie Ihre Verdauung. ❀ Heute und morgen ist die Wurzelbildung begünstigt, Setzen und Säen oder auch Umtopfen wären nun ideal.

Fr 13

Rosina ➧ Gut für Therapien mit Schüssler-Salzen. Dauerwellen von heute halten länger. Haare schneiden, damit sie schnell und kräftig nachwachsen. ✦ Vollmond ist ein guter Fastentag. Mineralstoffreiche Nahrung und Salze werden gut verwertet. ✤ Nur kurz lüften. Holzböden nicht naß wischen.

Sa 14

Mathilde ➧ Niere und Blase schonen, Nieren- und Blasentee trinken. ✦ Fett und Öl wird gut verwertet. Vorsicht bei Figurproblemen! Fastenkuren heute beginnen; viel trinken. ✤ Ausgiebig lüften. Guter Tag zum Verstauen von Wintersachen. Schuhcreme wirkt intensiver. ✖ Guter Termin für Malerarbeiten.

So 15

Klemens ✦ Schlankheits- und Entschlackungskuren sind nun günstig. Lösende und entgiftende Massagen sollten diese begleiten. Blütengemüse und Fett werden gut verwertet. ✤ Böden feucht wischen. ✖ Schädliches zeigt heute weniger Wirkung. Guter Termin für Malarbeiten. ❀ Rosen- und Blütenpflanzen düngen.

12. Woche

März

Heribert ➧ Keine Operationen an Hüfte, Niere oder Blase. ✦ Brokkoli oder Karfiol sind ideal am Speisezettel, da sie gut verwertet werden. Viel trinken! ✤ Guter Tag für Reinigungsarbeiten. Schimmel mit Essigwasser entfernen. Fenster putzen.

Mo 16

Gertrud* ➧ Warzen kann man nun bekämpfen. Täglich mit Schöllkraut, Knoblauch oder Teebaumöl betupfen. ✦ Kohlehydrate werden gut verwertet; Ernährungsempfehlung der Monddiät lautet: Blattgemüse, wie Kohl oder Kraut. ✤ Guter Tag für die große Wäsche, Problemflecken lassen sich nun leichter entfernen. ❀ Zimmerpflanzen gießen.

Di 17

Eduard ➧ Sitzbäder wirken bei Frauenleiden gut. In der Schwangerschaft ist besondere Schonung angeraten. Nägel schneiden, sie wachsen langsamer nach. ✤ Bei Rheumaanfälligkeit Betten nicht im Freien lüften. ❀ Säen und Setzen von Blattgemüse ist nun günstig. Pflanzen gießen und düngen.

Mi 18

Joseph* ➧ Oberschenkel und Hüften nicht strapazieren. Operationen in diesem Bereich wenn möglich verschieben. ✖ Guter Tag für Maler- und Verputzarbeiten. Holzspalten und -stapeln ist nun ideal, es trocknet gut. ❀ Obstbäume veredeln, dürre Äste entfernen. Gute Zeit für die Schädlingsbekämpfung.

Do 19

Irmgard ➧ Entschlackungs- und Abmagerungskuren sind nun effektiver. Lösende und entgiftende Massagen wären anzuraten. ✤ Ausgiebig lüften. ✖ Heute verarbeitete Milch bringt höheren Buttherertrag. Guter Tag, um neue Öfen und Kamine anzuheizen.

Fr 20

Christian – Frühlingsbeginn ➧ Dauerwellen haben eine kürzere Einwirkungszeit. Größere Wärmeeinwirkung, beim Fönen beachten. ✦ Eiweiß wird gut verarbeitet. Bei Allergien ist Vorsicht geraten. ✤ Betten und Matratzen lüften, Fenster putzen. ❀ Zimmerpflanzen düngen.

Sa 21

Lea ➧ Im Bereich der Knie, Knochen und Gelenke wirkt Heilendes noch günstiger als sonst. Schonen Sie sich bei Meniskusschwäche. Brennesseltee gegen Gicht trinken. Guter Termin für die Enthaarung, das Haar wächst langsamer nach. ✤ Ideal für alle Reinigungsarbeiten. ✖ Bei Tieren ist die Fellpflege nun wirkungsvoller.

So 22

17. März – Gertraud
Spätestens Mitte März, meist aber auch schon früher, wurde das Spinnen wieder eingestellt: „Gertltag beißt den Faden ab".
Es war nicht nur Ende der Spinnzeit, sondern meist auch der Beginn der Gartenarbeit: „Gertraud den Garten baut."

19. März – Josef, Kärntner Landespatron
Der heilige Josef als Zimmermann konnte im Volksglauben auch die Mühlen richten. Vom Josefstag an laufen die Mühlräder wieder gut, weil die Schneeschmelze beginnt. Der Josef ist aber auch der Bienenvater. Ein schöner Josefitag verspricht ein gutes Bienenjahr. Es ist um diese Zeit wieder heller und deshalb heißt es „Josefstag bringt das Nachtmahl bei Tag", die finstere Zeit ist zu Ende. Das drückt sich auch in einem anderen Spruch aus: „Der Bartlmä (24. 8.) zündets Licht an und der Josef löscht's wieder aus".

40 Märtyrer, 10. März

Ihr Fest wird auch im Gedenken an all die unbekannten Märtyrer gefeiert, die ihren Glauben standhaft verteidigt haben. Die Legende erzählt von 40 Soldaten einer römischen Legion in Armenien, die auch unter schrecklichen Qualen Christus nicht verleugneten. Abgebildet werden sie auf einem zugefrorenen Teich stehend, mit Palmzweigen in den Händen und von Engeln gekrönt.

Was ein richtiger März ist, beginnt wie ein Löwe
und geht aus wie ein Lamm.

Friert's am Märtyrertag (10.) recht, so friert es noch vierzig Nächt'.

Wenn's am 40-Märtyrer-Tag schneit,
so schneit es noch vierzig Tage danach.

St. Gertraud bei Guttaring

Gertrud, 17. März

Aus adeligem, sehr frommem Haus kommend, wurde sie erste Äbtissin des Klosters Nivelles bei Brüssel. Ihr Einsatz für Pilger und Kranke läßt sie zur Patronin von Spitälern werden, oft wird sie mit Spinnrocken und Mäusen dargestellt, weil sie ihre Mitschwestern zu stetem Handarbeiten angehalten hat und sie eine Mäuseplage beendete. Deshalb schützt sie auch die Feld- und Gartenfrüchte, die Gärtner und die wandernden Handwerksburschen. Im Volksglauben gehört sie zu den beliebtesten Frühlingsbotinnen. In Kärnten sind ihr heute noch fünf Kirchen geweiht.

Josef, St. Georgen bei Bleiberg

Josef, der Nährvater, 19. März

Kärntens Landespatron ist der Heilige des schweigenden Gehorsams und der gewissenhaften Pflichterfüllung. Er, der Maria nicht im Stich gelassen hat, ist Schutzpatron der Familie, des werktätigen Volkes, der gesamten Kirche. Als Attribute hat er Wanderstab, Zimmermannswerkzeug oder eine Lilie, als Sinnbild der Reinheit.

März

13. Woche

Mo 23

Otto ➧ Gute Zeit für lösende und entgiftende Massagen und Entschlackungskuren. Der Körper atmet aus. Nägel schneiden und pflegen. ✦ Ernährungstip: Sellerie (enthält viele Mineralstoffe). ✣ Heute gebackenes Brot bleibt länger frisch. ✖ Gute Zeit zum Malen, Lackieren und Imprägnieren.

Di 24

Katharina ➧ Operationen im Bereich der Unterschenkel verschieben. ✦ Verwenden Sie hochwertige Öle. Fette werden heute und morgen gut verwertet. ✣ Räume und Ställe gut lüften. Winterbekleidung verstauen. Reinigungsarbeiten gehen leichter von der Hand. Schädlinge bekämpfen.

Mi 25

Maria Verkündigung* Alles nimmt heute mehr Licht und Luft auf, es trocknet gut. ➧ Viel Sauerstoff aufnehmen, Arbeit im Freien ist günstig. Bei Problemen mit Venenentzündungen Beine schonen und öfters hochlagern. ✖ Holz kann man nun spalten und stapeln.

Do 26

Ludger ➧ Depressive Menschen sollten viel Licht tanken. Operationen an Füßen und Zehen sollten verschoben werden. Fußbäder sind nun besonders wohltuend. Alkohol und Nikotin wirken stärker als sonst. Kohlehydrate werden gut verwertet. Bei Allergien ist Vorsicht geboten. ❀ Blumen und Blattpflanzen heute gießen und düngen.

Fr 27

Heimo ➧ Reflexzonenmassagen sind heute besonders wirkungsvoll. Hühneraugen behandeln lassen. Frisuren halten schlechter als sonst. ✣ Im Haushalt sollten Sie stark verschmutzte Sachen reinigen. Kurz lüften. ❀ Blattgemüse säen oder setzen. Zimmerpflanzen gießen.

Sa 28

Guntram ➧ Eine gute Zeit, um sich aus Bindungen zu lösen und Neubeginne zu starten, auch Berufswechsel ist günstiger, da die innere Ruhe eher gegeben ist. Streß vermeiden. ✦ Ein wichtiger Fasttag, heute sollten Sie nur Säfte und Tees zu sich nehmen. Wer bis jetzt gefastet hat, nun aufhören und morgen langsam mit dem Nahrungsaufbau beginnen. Viel trinken.

So 29

Berthold Der Mond nimmt wieder zu, alles Aufbauende für den Körper ist nun sinnvoll. ✦ Eiweiß wird gut verwertet, ✣ Heute verarbeitete Milch bringt mehr Butter. ❀ Guter Termin zum Säen und Setzen, vor allem Fruchtpflanzen. Idealer Zeitpunkt für den ersten Getreideanbau. Reiser für Stecklinge schneiden.

Roswitha Das Kälteempfinden ist wieder etwas stärker. Das Selbstbewußtsein sollte in diesen Tagen zunehmen. ❥ Keine Kiefer- oder Mandeloperationen. Hals, Nacken und die Ohrenregion sind heute empfindlich, reagieren aber gut auf heilende und stimulierende Arzneien. ❀ Günstiger Termin für den Rasenschnitt; was heute gemäht wird, wächst nicht so schnell nach.

Mo 30

Guido ❥ Hals und Stimmbänder schonen, Zugluft vermeiden. Stärkende Bioresonanz-Therapien und kräftigende Arzneien wirken nun besser als bei abnehmendem Mond. ❀ Gute Zeit, um Wurzelgemüse zu setzen oder säen, zum Umtopfen oder auch zum Setzen von Obstbäumen. Sie wachsen nun zwar langsam, aber gesund und bringen gute, lagerfähige Früchte.

Di 31

Hugo ❥ Schultern, Arme und Hände nicht überbeanspruchen. Operationen in diesen Bereichen verschieben. ✦ Fette und Öle werden gut verdaut. Vorsicht bei Gewichtsproblemen! ❀ Ideale Tage, um Blumen oder Blütengemüse, wie Karfiol oder Brokkoli, zu setzen. Oberirdische Schädlinge mit Pflanzenextrakten bekämpfen.

Mi 1

Rosamunde ❥ Rheumagefahr ist im Schulter- und Armbereich größer. ✦ Blütengemüse, Fette und Öle verdaut man besser. Der zunehmende Mond ist ideal für eine vitaminreiche Aufbaudiät. ✤ Guter Tag zum Übersiedeln oder um Freunde einzuladen. Alle Wohnräume und den Stall ausgiebig lüften. Brot und Gebäck werden lockerer als sonst.

Do 2

Richard ❥ Schonen Sie Ihre Leber und Galle und vermeiden Sie Alkohol. Tees, die die genannten Organe stärken, wirken besser als sonst. Nährmasken und Heilsalben wirken besonders gut. Auch homöopathische Arzneien sprechen bei zunehmendem Mond besser an. ❀ Heute und in den kommenden Tagen Blattgemüse setzen. Zimmerpflanzen gießen.

Fr 3

Ambrosius ❥ Gallenoperationen nicht für Tage des Tierkreiszeichens Krebs planen. ✦ Leichte Kost ist ratsam. Kohlehydrate werden gut verwertet, Vorsicht bei Allergien! ✖ Guter Termin für Drainage- und Installationsarbeiten, zum Bau von Uferschutzanlagen und dgl. Die Milch ist nun zu wäßrig für die Weiterverarbeitung.

Sa 4

Vinzenz (Ferrer)* – Palmsonntag ❥ Aufbauende und kräftigende Massagen sind sehr wirkungsvoll. Gesichtsmasken und diverse Packungen sind effektiver als sonst. ✤ Heute nur kurz lüften. Die Holzböden nicht naß behandeln. ❀ Zimmerpflanzen gießen.

So 5

25. März – Maria Verkündigung

„Maria Verkündigung kommen die Schwalben wiederum, zu Maria Geburt gehen sie furt".

Maria Verkündigung ist eigentlich zu Unrecht oder fälschlicherweise ein Marienfest, mit der Liturgiereform 1969 hat es seinen ursprünglichen Namen Verkündigung des Herrn zurückerhalten. Das Gedächtnis der Menschwerdung des Gottessohnes hat auch mit den Kirchenglocken, die zum Engel des Herrn rufen, zu tun. Und zwar am Morgen, zu Mittag und am Abend.

An diese Tradition knüpfen auch die Mittagsglocken im ORF an. Die Glocken im Radio erklingen seit 1962. In Österreich übrigens als einzigem Land in Europa. Über eine Million Menschen hören täglich Glockenaufnahmen aus katholischen und evangelischen Gotteshäusern Österreichs.

In ländlichen Gebieten beendete das abendliche Ave-Läuten den Arbeitstag, Kinder mußten zu diesem Glockenschlag zu Hause sein.

(Aus: „Das Brauchbuch" von Helga Maria Wolf, Herder Verlag)

3. April

Einer der drei wichtigsten Schwendttage. Das Wort kommt von „schwendten", was soviel bedeutet wie „roden" oder „urbar machen".

Was an den Schwendttagen gerodet wird, wächst nicht mehr oder nicht mehr so schnell nach, heißt es.

Die drei wichtigsten Schwendttage des alpenländischen Bauernjahres sind auch dem Gedenken böser Kräfte gewidmet. Am 3. April ist Judas, der Verräter, geboren, am 1. August der aus dem Himmel verstoßene Luzifer und am 1. Dezember gedenkt der Festkalender des Untergangs der Städte Sodom und Gomorra, zweier Metropolen. Man sagt, daß Pflanzen, an deren Leben in dieser Zeit gerührt wird, sich nicht erholen. Diese Erkenntnis machten sich die Bauern zunutze.

Wenn's im April schneit, hat es die Bauern immer gefreut, denn es hieß: „Märzschnee frißt, Aprilschnee düngt" oder auch „Aprilschnee ist besser wie ein schlechter Mist".

Vinzenz Ferrer, 5. April

Zahllos sind die Wunder, die von ihm berichtet werden. Begnadeter Prediger, der er war, hat er viele bekehrt, vor allem die Sarazenen in Spanien. Obwohl er nur in Spanisch predigte, verstanden ihn alle Völker, er erweckte Tote zum Leben, vermehrte Brot, heilte Stumme, Lahme, Wahnsinnige. Er wird bei Epilepsie, Kopfweh und drohenden Gefahren angerufen und um gute Heirat, Fruchtbarkeit und einen guten Tod.

Erbsen sae Ambrosius (4.), so tragen sie reich und geben gut Mus.

Ist Ambrosius schön und rein, wird Sankt Florian (4. 5.) wilder sein.

Bei St. Vinzenz Sonnenschein (5.),
gibt es viel und guten Wein
Bei St. Vinzenz Sonnenschein
bringt viel Körner ein.

Schneit es am Palmsonntag (5.) auf die Palmen,
so schneit es im Sommer das Vieh von den Almen.

Soviel Nebel im März, soviel Regen im Sommer.

Taut's im März auf Sommerart, bekommt der April einen weißen Bart.

April — 15. Woche

Mo 6

Sixtus ➧ Herz und Kreislauf nicht überstrapazieren. Stärkende Mittel und Arzneien sprechen besser an. Herzwein ansetzen. Guter Termin für den Haarschnitt. ✦ Eiweiß wird gut verwertet, frisches Obst und Gemüse werden empfohlen. ✤ Nun ausgiebig lüften. ✖ Milchverarbeitung ist in diesen Tagen effektiver.

Di 7

Johannes Baptist ➧ Der Blutkreislauf ist jetzt aktiver, Herzklopfen und Schlafstörungen treten häufiger auf. ✖ Kälber und Jungtiere entwöhnen. Der Getreideanbau auf feuchtem Acker wird empfohlen. ❀ Alle Pflanzen, die schnell nachwachsen sollen, schneiden. Gute Zeit zum Sammeln und Trocknen von Heilkräutern.

Mi 8

Walter ➧ Arzneien, Cremen und Salben werden gut aufgenommen. Achten Sie auf Ihre Verdauung und schonen Sie Ihre Nerven. Haar, das schnell und kräftig nachwachsen soll, heute schneiden. Die Dauerwelle hält länger. Stärkende Nerventees wirken sehr gut in diesen Tagen. ✦ Mineralstoffreiche Ernährung sollte am Speisezettel stehen.

Do 9

Waltraud – Gründonnerstag ✦ Der obligate Spinat an diesem Tag ist auch ernährungstechnisch günstig, frische Brennnessel, Vitamine und Spurenelemente werden heute gut verarbeitet. ✤ Holzfußböden nur kehren, nicht wischen. Kurz lüften. ❀ Gute Zeit zum Setzen von Knollen und Wurzelgemüse.

Fr 10

Ezechiel* – Karfreitag Ein traditioneller Fastentag, auch morgen, bei Vollmond, ist das Fasten ideal. ➧ Operationen sollte man besser verschieben. ✤ Günstige Zeit für Erdarbeiten. ❀ Heilkräuter sammeln, vor allem jene, die zu Behandlungen des Magen-Darm-Traktes eingesetzt werden.

Sa 11

Stanislaus* – Karsamstag ➧ Niere und Blase schonen; viel klares Wasser trinken! ✦ Der Osterschinken kann sich auf die Linie auswirken. Fette und Öle werden gut verwertet. ✖ Gut zum Wasseradersuchen oder zum Ausmuten von Störzonen. ❀ Obstbäume kann man gut verpflanzen. Mit dem Saftvorrat können sie leichter überleben, bis sie wieder Wurzeln schlagen.

So 12

Julius/Zeno* – Ostersonntag ➧ Brennesseltee von jungen Pflanzen trinken. Er reinigt das Blut und wirkt gegen Hautunreinheiten. Viel Wasser trinken. Niere und Blase schonen. ✦ Der Mond nimmt ab, Entschlackungs- und Schlankheitskuren sind nun günstig. Idealer Starttermin etwa für eine Mayer-Semmel-Diät.

April

Mo 13

Hermengild – Ostermontag ➧ Nun Nägel schneiden, sie wachsen jetzt langsamer nach. ✦ Kohlehydrate werden gut verarbeitet, bei Allergien und Übergewicht ist Vorsicht geboten! ✤ Guter Termin für Wäschewaschen und Hausputz.

Di 14

Valerian ➧ Operationen an Hüfte oder Geschlechtsorganen verschieben. ✤ Betten nicht im Freien lüften! ✖ Im Wald oder Garten keine Holzreste liegen lassen. – Borkenkäfergefahr. ❀ Jetzt gemähter Rasen wächst langsamer nach. Blattgemüse, das Köpfe bilden soll, nun setzen.

Mi 15

Anastasia ➧ Der Körper atmet aus, alles was reinigt, wirkt nun günstig. Vermeiden Sie kalte Füße, um Harnwegsinfektionen vorzubeugen. ✦ Kohlehydrate sowie frisch geerntetes Blattgemüse werden gut verarbeitet. Ein Brennesselspinat ist besonders zu empfehlen. ✤ Gute Zeit für alle Putzarbeiten. Beim Waschen braucht man etwas weniger Waschmittel.

Do 16

Bernadette ➧ Oberschenkel und Hüfte besonders schonen. Vorsicht bei Touren, Muskelkrämpfe können auftreten. Haut und Haare sind hitzeempfindlicher, die Einwirkungszeit für die Dauerwelle ist kürzer, das Haar kraust stärker. ✤ Betten und Matratzen lüften, Kellerregale reinigen. ✖ Günstiger Termin auch für die Getreidesaat. ❀ Fruchtpflanzen nun pflanzen oder düngen.

Fr 17

Gerwin ✦ Heute wird Eiweiß gut verwertet, Vorsicht bei Übergewicht oder Allergien. ✖ Schädliches zeigt weniger Wirkung. Guter Termin für Maler- oder Lackierarbeiten. Verputzarbeiten sind günstig, sie trocknen schnell. Die Milchverarbeitung bringt bessere Ergebnisse. ❀ Bäume, die hoch werden sollen, oder rankende Gewächse nun pflanzen.

Sa 18

Apollonius ➧ Schonen Sie Ihre Knochen und Gelenke. Günstiger Tag für die Nagelpflege. Zahnsteinentfernung. ✦ Entschlackungs- und Entgiftungskuren sind nun wirksamer. ✖ Bei den Tieren gute Zeit für die Horn- und Klauenpflege. Laufplatten und Zaunpfähle verlegen oder setzen. Sie halten besser als sonst. ❀ Im Garten Wurzelgemüse säen oder setzen.

So 19

Werner ➧ Bei Meniskusschwäche sollten Sie Ihre Beine schonen. Kräftigende Massagen, Einreibungen und Umschläge tun gut und nützen mehr als sonst. Frischer Brennesseltee gegen Gicht ist nun sehr wirkungsvoll. ✤ Schuhe imprägnieren. Heute nur kurz lüften. ✖ Günstige Zeit für Erd- und Holzarbeiten (spalten und stapeln) und zum Roden und Jäten.

9. April – Gründonnerstag

An diesem Tag gibt es in Pressnitz im Katschtal den alten Brauch des Tafelgehens, dabei werden von Kindern Holzhämmer gegen Holztafeln geschlagen, der Lärm soll Dämonen, den Tod und die Tödin vertreiben. Bekannt ist auch das Kreuzziehen in Tressdorf im Mölltal, in dem Figurationen des Christi-Leiden-Spieles als stumme Prozession in Kostümen und Masken umherziehen.

11. April – Karsamstag

Am Karsamstag erfährt man, ob die Folgezeit winterlich sein wird, welcher Wind herrschen dürfte. „Wenn am Karsamstag der Wind weht, weht er bis Pfingsten und wenn er dort auch noch geht, geht er das ganze Jahr“. Von den Palmkätzchen schloß man früher auch auf die Roggenernte, man sagte: „Roggenblüh – der Roggen blüht 14 Wochen nach der Palmblüh.“ und „Wenn die Palmkätzchen schön und dick sind, wird es ein gutes Roggenjahr“.

19. April

Der Sonntag nach Ostern wird auch oft Kleinostersonntag oder Weißer Sonntag genannt. Er beschließt dort und da das eigentliche Osterbrauchtum mit prächtigen nachösterlichen Feuern (vor allem im Lavanttal noch üblich). Er heißt auch Weißer Sonntag, weil an diesem Tag Erstkommunion abgehalten wird.
Die Bezeichnung „Weißer Sonntag“ rührt eigentlich daher, daß die zu Ostern Getauften ihre weißen Taufkleider eine Woche lang anbehielten.
Vom 17. bis zum 19. Jahrhundert war der „Weiße Sonntag“ der bevorzugte Termin der Erstkommunion der Kinder. Vorher gab es keine gemeinsame Feier der Erstkommunion, es blieb den Eltern vorbehalten, wann sie ihr Kind als reif genug ansahen, das erste Mal mit ihnen die Osterpflicht zu erfüllen. Heute ist in vielen Gebieten Österreichs Christi Himmelfahrt ein beliebter Termin für die Erstkommunion.

Stanislaus, 11. April

Gerechtigkeit, Frömmigkeit und Mildtätigkeit waren die Tugenden des Bischofs von Krakau. Nachdem er König Boleslaw II. wegen dessen Grausamkeit und unsittlichen Lebenswandels mit dem Bann belegt hatte, ließ ihn dieser ermorden. Eine Darstellung in Ossiach zeigt ihn mit König Boleslaw in goldener Rüstung.

Ezechiel, Stiftsmuseum St. Paul

Zeno, Kappl im Rosental

Ezechiel, 10. April

Er ist einer der vier großen Propheten des Alten Bundes, mit der ersten Gruppe Juden kam er ins babylonische Exil. Ezechiel hat viele Visionen, so sieht er die Zerstörung und den Wiederaufbau des Tempels von Jerusalem voraus. Er ist der Mahner vor dem gotteslästerlichen Leben, dessen Folgen seine Visionen zeigen. Dargestellt wird Ezechiel mit der Waage der göttlichen Gerechtigkeit, mit Schwert oder seinen Visionen.

Zeno, 12. April

Er stammte wahrscheinlich aus Afrika, wurde 362 zum Bischof von Verona gewählt und wegen seiner Fürsorge für die Armen und den Kampf gegen das wieder aufflackernde Heidentum gerühmt. Er wird oft mit zwei Fischen dargestellt, weil er leidenschaftlicher Angler gewesen sein soll. Als sein größtes Wunder gilt die Heilung der besessenen Tochter des Kaisers Gallienus. An der Außenwand der Kirche von Kappl im Rosental, die ihm auch geweiht ist, ist diese Szene dargestellt. Er wird als Schutzherr bei Wassergefahr und bei Überschwemmungen angerufen.

April

17. Woche

Mo 20

Hildegund ➧ Die Gefahr von Venenentzündung ist nun größer als sonst. Einreibungen und Venensalben wirken gut in diesen Tagen. ✦ Bedenken Sie Ihren Fettkonsum heute und morgen, Fette und Öle legen sich jetzt besonders schnell an. ✖ Guter Tag zum Mauern und Malen.

Di 21

Anselm ➧ Schonen Sie Ihre Unterschenkel, Knöchel und Venen in diesen Tagen. ✤ Die Wohnung und die Bettwäsche lüften, alles nimmt mehr Licht und Luft auf. ✖ Schädliches zeigt weniger Wirkung. Kleben oder Lackieren ist heute ideal.

Mi 22

Wolfhelm ➧ Reinigung von Haut, Haar und Nägeln ist günstig. ✤ Ausgiebig lüften, Wintersachen verstauen. ✖ Holz spalten und stapeln. Ideal auch zum Bekämpfen von Ungeziefer. ❀ Verblühtes entfernen, Baumscheiben mit Steinmehl düngen.

Do 23

Georg* ➧ Fußreflexzonenmassagen sind heute und morgen besonders wirkungsvoll. Operationen an Füßen oder Zehen sollten Sie verschieben. ✤ Guter Tag für den Großputz, die Reinigung geht leichter von der Hand. Man benötigt weniger Putz- und Waschmittel. ❀ Blumen und Blattpflanzen gießen und düngen.

Fr 24

Fidelis ➧ Gönnen Sie sich ein Fußbad, es ist heute besonders entspannend. ✤ Guter Termin für alle Reinigungsarbeiten. ✖ Heute geschlagenes Holz fault nicht und wird bei Nässe nicht rutschig. ❀ Alles nimmt nun mehr Feuchtigkeit auf, ideal zum Bewässern und Gießen. Was geerntet wird, sollte rasch verzehrt werden.

Sa 25

Markus* ➧ Vermeiden Sie Streß, Kopfschmerzen können nun häufiger auftreten. Kopfmassagen wirken gut, für übermüdete Augen sind Augentrostkompressen empfehlenswert. ✖ Guter Termin, um Tiere umzusiedeln, sie gewöhnen sich schneller an eine neue Umgebung. ❀ Guter Pflanztermin für Fruchtpflanzen, etwa Erbsen, Bohnen oder Tomaten.

So 26

Trudpert ➧ Das Wetter schlägt bei Neumondtagen oft um. Idealer Termin für Neubeginne in jeder Hinsicht, gute Vorsätze kann man nun leichter realisieren. ✦ Ein wichtiger Fastentag im Mondrhythmus, man sollte heute nur Wasser, Säfte und Tees zu sich nehmen. ✖ Kein Tag zum Backen, Säen oder Pflanzen.

Petrus Canisius* ➧ Der Körper nimmt nun wieder verstärkt auf. Alle Arzneien wirken besser. Schonen Sie Hals und Stimmbänder, vermeiden Sie Operationen in diesem Bereich. Mandeloperationen sollte man verschieben. ✦ Bei unkontrolliertem Eßgenuß nimmt man schnell zu. ❀ Günstiger Tag für Erdarbeiten und zum Säen und Setzen von Wurzelgemüse.

Mo 27

Vitalis ✦ Bevorzugen Sie mineralstoffreiche Speisen. Salze und Vitamine werden besonders gut aufgenommen. Alles, was kräftigt und aufbaut, wirkt günstig. ✤ Kurz lüften. Holz nicht naß behandeln. ❀ Guter Tag für Gartenarbeiten, auch um den Komposthaufen anzusetzen.

Di 28

Katharina von Siena* ➧ Schulter, Arme und Hände, aber auch Bronchien sind empfindlich. ✦ Fett legt sich leicht an, bei Gewichtsproblemen aufpassen. ❀ Oberirdische Schädlingsbekämpfung mit Pflanzenauszügen, etwa Salbei gegen Möhrenfliegen oder Lavendel gegen Ameisen, Pfefferminze gegen Erdflöhe usw.

Mi 29

Pius ✦ Der Mondkalender empfiehlt heute frisches Blütengemüse. Hochwertige Öle werden gut verarbeitet. ✤ Gebackenes wird heute flaumig locker. ✖ Günstiger Termin auch für die Milchverarbeitung. ❀ Im Garten Setztermin für Blütenpflanzen und Kräuter.

Do 30

Joseph der Arbeiter ➧ Lunge, Magen, Leber und Galle soll man schonen. ✦ Heute werden Kohlehydrate am besten verdaut. Es empfiehlt sich, schwere Speisen zu vermeiden, am besten, man ißt viel frischen Salat. ❀ Setztermin für Blattgemüse. Rasen mähen und Blumen gießen.

Fr 1

Athanasius* ➧ Der Körper reagiert gut auf Arzneien, stärkende Tees für Magen, Leber und Galle wirken besonders günstig. ✦ Meiden Sie Fett und Alkohol. ❀ Hanf oder Flachs kann man säen, aber auch Blattgemüse, das nicht kopfen soll. Der Rasen wird dichter, wenn Sie heute mähen.

Sa 2

Philipp und Jakob* ➧ Überanstrengung meiden, der Kreislauf ist aktiver als üblich. ✦ Eiweiß wird sehr gut verdaut. Frisches Obst ist heute für die Ernährung besonders wichtig. ✤ Guter Friseurtermin, das Haar wird kräftiger. ❀ Heilkräuter für Herz und Kreislauf nun sammeln.

So 3

23. April – Georg
„Zu Georgi soll sich eine Krähe im heranwachsenden Roggen verstecken können" – dann verspricht das eine gute Ernte. Das symbolisiert auch das Winterende und den Frühlingsbeginn. Es gibt dort und da Georgi- oder sogenannte Hirtenfeuer. In Würmlach und Rattendorf im Gailtal findet an diesem Tag der Georgiritt mit der Pferdeweihe statt.

24. April – Dreinagelfreitag
Der zweite Freitag nach Ostern wird so genannt. An diesem Tag beginnt nach der Mitternachtsmesse am Magdalensberg der traditionelle und berühmte Vierbergelauf vom Magdalensberg über den Ulrichsberg zum Veitsberg und schließlich zum Lorenziberg. Dies ist eine bäuerliche Wallfahrt, bei der das Getreide geweiht wird, Bauern als Vorbeter aktiv sind und Bäuerinnen die Vierbergeläufer bewirten. Parallel gibt es in St. Paul im Lavanttal eine Drei-Berge-Wallfahrt, vom Weinberg über den Josefsberg zum Johannisberg.

25. April – Markus
Blumen- und Pflanzenmarkt in Wolfsberg

1. Mai
Weitverbreitet sind in Kärnten die Maibaumbräuche. Dabei geht es darum, daß Burschen durch ihre Kraft imponieren wollen und sich in den Revierkämpfen mit den jungen Männern der Nachbarortschaften einlassen. Mit eben jenen, die in der Nacht zum 1. Mai versuchen, den Maibaum zu stehlen. Weil ein gestohlener Maibaum die Burschen zum Gespött der ganzen Gegend macht, müssen sie ihn bis zum Morgen bewachen.

Markus, 25. April

Der Löwe und das Buch sind die Attribute des Evangelisten, er stammt aus Jerusalem und ist ein Schüler des Apostel Petrus. Als Bischof von Alexandria überfallen ihn christenfeindliche Einwohner und schleifen ihn mit einem Strick um den Hals zu Tode. Ein Unwetter hindert die Mörder, den Leichnam zu verbrennen, sodaß er von Christen bestattet werden kann. Nicht nur in Venedig, wo er begraben ist und als Symbol für die Stadt steht, wird er hochverehrt, auch in Kärnten sind ihm einige Kirchen geweiht, etwa in Mauthen oder Wolfsberg. Markus ist der Schutzpatron der Notare und Schreiber, der Maurer und Bauarbeiter.

Katharina von Siena, 29. April

Die heilige Katharina von Siena lebte im 14. Jahrhundert. Als 25. Kind eines Wollfärberehepaares verweigerte sie die Ehe und trat mit 15 Jahren in den Dominikanerorden ein. Viele Darstellungen, wie jene von Josef Fromiller an der Decke der Stiftskirche Ossiach, zeigen sie daher zusammen mit dem heiligen Dominikus. Die Schutzheilige Italiens, die die Wundmale Christi trug, gilt als große Mystikerin. Sie lebte in Armut, pflegte Arme und Kranke, war aber auch als Beraterin des Papstes anerkannt. In ihren Händen trägt sie oftmals ein Herz, aus dem Flammen der glühenden Verehrung Christi schlagen.

Georg, Maria Saal

Georg, 23. April

Er wird auch der heilige Ritter genannt, Georg ist einer der 14 Nothelfer und der Nationalheilige Englands. Auch bei uns in Kärnten wird er sehr verehrt, an die 50 Kirchen sind ihm hier geweiht. In seiner Heimat Kleinasien hat er der Legende nach die Menschen von einem bösen Drachen befreit. Er besiegte damit symbolisch den Drachen des Unglaubens. Eine schöne Darstellung des heiligen Georg findet man auch in St. Georgen im Gailtal. In verschiedenen Gegenden werden Pferde bei sogenannten „Georgiritten" gesegnet. Der Drachentöter gilt als heroisches Vorbild aller Stände, viele Wunder werden seiner Fürbitte zugeschrieben.

Athanasius, 2. Mai

Athanasius, was soviel bedeutet wie der „Unsterbliche", gehört zu den vier großen Kirchenvätern Griechenlands. Er wird aber auch in Kärnten in zwei Kirchen verehrt, in Kühweg bei Hermagor und bei Berg im Drautal. Der Heilige wurde vom Kaiser Konstantin wegen seines Übereifers mehrfach in die Verbannung geschickt, er gilt als Wegbereiter des Mönchtums in Mitteleuropa. Dargestellt wird er häufig als griechischer Bischof mit kahlem Haupt und langem Bart. So zeigt er sich auch am Seitenaltar von St. Peter im Holz. Angerufen wird der heilige Athanasius gegen Kopfschmerzen.

Philippus und Jakobus, 3. Mai

Zwei Heilige, die zwar sehr verschieden sind, dennoch gemeinsam verehrt werden. So wie auch Peter und Paul. Beide Apostel sind Schutzpatrone der Lebensmittelhändler, Tucherzeuger und Hutmacher. Philipp wird meist mit einem Kreuz dargestellt, er wirkte in Südrußland und Kleinasien und wurde als Märtyrer gesteinigt. Jakobus der Jüngere, Bischof von Jerusalem hält in der Hand zumeist eine Keule oder Tuchwalkerstange, mit der man ihn angeblich erschlagen hat.

Nasser April verspricht der Früchte viel.

◆

Bringt der April viel Regen, so deutet es auf Segen.

Mai

Mo 4

Florian* ➧ Herzstärkende Mittel wirken besser als üblich. Der Körper atmet ein und nimmt auf. Haarkuren sind empfehlenswert. ✤ Gute Zeit zum Brot backen. ✖ Die Milch bringt gute Buttererträge bei der Verarbeitung. ❀ Fruchtgemüse soll man nun säen, setzen oder düngen.

Di 5

Gotthard ➧ Nährmasken und Salben wirken gut. Die heute gemachte Dauerwelle hält länger als sonst. Schüssler-Salze wirken vermehrt. ✤ Guter Tag zum Planen und Ordnen. Nur kurz lüften; Fußböden kehren, nicht wischen. ❀ Das Wurzelgemüse nun setzen oder auch ernten.

Mi 6

Antonia ➧ Schonen Sie Ihren Darm, verzichten Sie auf schwere Speisen. ✦ Bevorzugen Sie mineral- und ballaststoffreiche Nahrung. ✤ Guter Termin zum Setzen und Säen, vor allem Zwiebel oder Sellerie. Ideal auch zum Umtopfen.

Do 7

Gisela Ein Tag zum Ausspannen und Planen. ➧ Das Kälteempfinden ist nun etwas größer. Der Körper nimmt verstärkt auf, vor allem Arzneien und Tees bei Stoffwechselbeschwerden wirken günstig. Heute gekürztes Haar wächst schneller und kräftiger wieder nach. Die Dauerwelle von heute hält gut.

Fr 8

Friedrich ➧ Vor allem zu Depressionen neigende Menschen sollten nun viel Licht tanken. ✦ Viel Wasser trinken! Zinnkraut oder Brennessel sowie alle Kräuter gegen Nierenleiden sollten Sie heute pflücken – Tee trinken. ❀ Alles schneiden, was schnell nachwachsen soll. Kräuter und Blütenpflanzen setzen.

Sa 9

Beatus ➧ Haare sind nach dem Waschen luftig und locker, sie fliegen allerdings leicht. ✦ Fette und Öle werden gut verwertet. Bei Übergewicht achtgeben. ✤ Das Gebäck wird lockerer. ✖ Guter Tag für Orts- und Wohnungswechsel. Guter Termin, um Milch zu verarbeiten.

So 10

Job* – Muttertag ➧ Besondere Schonung in der Schwangerschaft ist angeraten. ✦ Kohlehydrate werden in diesen Tagen besonders gut verdaut. ✖ Heute kann man Holz schlägern, das nicht reißt und biegsam sein soll. ❀ Guter Tag für die Schneckenbekämpfung, Pflanzen gießen.

Gandolf* ➧ Kein guter Operationstermin; vor allem Operationen an den Geschlechtsorganen sollten verschoben werden. Neugeborene brauchen nun besonders viel Zuwendung. ✖ Schafgarbe, Liebstöckel und Kamille heute sammeln. ❀ Gute Zeit zum Rasenmähen.		Mo 11	
Pankratius* ➧ Guter Termin für den „körperlichen Frühjahrsputz“. Bei Frauenleiden sind Kräutersitzbäder günstig. ✦ Kohlehydrate werden am besten verdaut. Vorsicht bei Allergien! ❀ Zimmerpflanzen düngen und gießen.		Di 12	
Servatius* ➧ Oberschenkel und Hüften schonen, bei großen Anstrengungen Gefahr von Muskelkrämpfen, bei der Dauerwelle genügt eine kürzere Einwirkzeit, die Wärmeeinwirkung ist nun größer. ✤ Betten und Matratzen kann man heute und morgen gut lüften. ✖ Heute verarbeitete Milch bringt mehr Butter.		Mi 13	
Bonifatius ✦ Eiweiß wird heute sehr gut verarbeitet. Vorsicht bei Figurproblemen und bei Allergien. Viel Obst und Fruchtgemüse sollten auf dem Speisezettel stehen. ✖ Schädliches zeigt heute weniger Wirkung, daher ist die Zeit gut für Klebearbeiten, zum Malen oder Lackieren. ❀ Im Garten Fruchtgemüse setzen oder düngen.		Do 14	
Sophie ➧ Sportler sollten auf ihre Knie achtgeben, Verletzungen können nun sehr kompliziert sein. Meniskusoperationen sollte man verschieben. Der Körper atmet aus, Entgiftungs- und Schlankheitskuren sind nun wirkungsvoller. ✦ Salze werden gut aufgenommen, daher ist eine mineralstoffreiche Nahrung in den kommenden Tagen zu empfehlen.		Fr 15	
Johann Nepomuk* ➧ Vermeiden Sie das Tragen schwerer Lasten, Vorsicht bei Meniskus-Problemen. Einreibungen und Umschläge sind sehr wirkungsvoll. ✦ Frisch geerntetes Wurzelgemüse ist für die Diät zu empfehlen. ✤ Gute Tage für Enthaarungen, zum Entfernen von Damenbart oder Augenbrauen. ❀ Guter Zeitpunkt für Erdarbeiten und zum Düngen der Wurzeln.		Sa 16	
Dietmar ➧ Brennesseltee hilft gegen Gicht. Kein günstiger Termin für Zahn- oder Kieferoperationen, jedoch ideal für die Zahnsteinentfernung. Lösende und entgiftende Massagen sind nun zweckmäßig. ✤ Böden schrubben, Schuhe putzen und Ungeziefer bekämpfen. Kein guter Tag zum Bügeln.		So 17	

4. Mai – Florian
Beim Florianisingen im Jauntal werden nach altem Brauch deutsche und slowenische Florianilieder dargeboten.

10. Mai – Muttertag
1905 rief die Amerikanerin Ann Jarves dazu auf, den 2. Sonntag im Mai zum „General memorial day of all mothers" zu erklären. Vom Erfolg war sie selbst überrascht, der Kongreß der Vereinigten Staaten erklärte den Muttertag 1913 zum offiziellen Festtag. Seit 1923 wird er auch in Österreich begangen.

13. Mai – Servatius
Auch die Bienen schwärmen meist im Mai und die Bienenzüchter sehen das gerne, denn es heißt: „Ein Bienenschwarm im Mai ist wert ein Fuder Heu".

Florian, 4. Mai

Der Heilige war ein römischer Heeresbeamter, der in Lauriacum, im heutigen Lorch in Oberösterreich gefangengehaltene Christen befreien wollte und dabei selbst gefangen wurde. Nach vielen Martern wurde er mit einem Mühlstein um den Hals in die Enns geworfen. In seiner Jugend soll er ein brennendes Haus durch Gebet gerettet haben, deshalb ist der Wasserkübel sein Attribut. Der Heilige wird angerufen gegen Feuer- und Wassergefahr, gegen Sturm, Dürre und Unfruchtbarkeit, er gilt aber auch als Schutzpatron der Hafner, Kaminfeger und Bierbrauer.

Brictius, 4. Mai

Am selben Tag wie Florian wird in Kärnten des Brictius gedacht, von dem man nur die Legende kennt. Als dänischer Prinz hat er am byzantinischen Hof hohe Ehren erlangt, als er in seine Heimat zurück will, bekommt er ein Fläschchen mit dem Blut Christi, das er in einer Schnittwunde in seinem rechten Bein versteckt. Am Großglockner wird er von einer Lawine verschüttet, der Leichnam wird entdeckt, weil drei Ähren aus dem Schnee wachsen. Nachdem man ihn auf dem Friedhof von Heiligenblut begraben hatte, ragte nach drei Tagen sein rechtes Bein aus der Erde, das Fläschchen wurde gefunden – es ist in der Kirche von Heiligenblut aufbewahrt.

Job, 10. Mai

Die biblische Gestalt, die mit dem Büßer Hiob ident ist, wird in Kärnten nur in St. Job bei Finkenstein verehrt. Dort finden wir Job als barocke Figur am Hochaltar, von Geschwüren übersät, flehend zum Himmel blickend. Der Teufel, der ihn auf die Probe gestellt hat und ihm beweisen wollte, daß er Gott nur solange loben und dienen würde, solange es ihm gut ginge, nahm ihm all seinen Reichtum, seine Söhne und Töchter und schließlich auch seine Gesundheit. Seiner inneren Stärke, mit der er alles ertrug, ohne sich von Gott abzuwenden, gilt die große Bewunderung. Man sah die Ähnlichkeit mit der Passion Christi und schöpfte daraus Hoffnung für schwierige Zeiten.

Gandolf, 11. Mai

Die Geschichte des heiligen Gandolf, eines burgundischen Ritters, der auch Gangolf genannt wurde, ist die Geschichte eines betrogenen Ehemannes. Am Hofe Pippins des Kurzen freite er eine Frau, die ihn mit einem Priester betrog. Darauf angesprochen, beteuerte sie ihre Unschuld, aber als Gandolf sie aufforderte, die Hand in eine bestimmte Quelle zu tauchen und er auf ein Zeichen Gottes hoffte, zog seine Frau eine bis auf die Knochen verbrannte Hand aus dem Wasser. Daraufhin verwies er den Priester des Landes, seine Frau blieb jedoch, um Gandolf zu ermorden. Viele Wunder ereignen sich an seinem Grab, die Frau und der Priester sterben bald darauf. In Kärnten ehren zwei Orte St. Gandolf, im Rosental und im Glantal.

Job, Kirche St. Job

Pankratius, 12. Mai

Pankratius ist der erste der vier Eisheiligen, die so heißen, weil um diese Zeit Kälteeinbrüche zu befürchten sind. Die Eisheiligen sind daher die bei uns wichtigsten Schutzpatrone gegen Frostgefahr. Pankratius ist auch der Patron der Erstkommunikanten, außerdem beschützt er vor Kopfweh und Krampf. Als römischer Jüngling wird er meistens dargestellt, in den Händen das Schwert und die Märtyrerpalme. So findet man ihn auch in der kleinen Kirche von Dürnfeld am Krappfeld, nördlich von St. Veit.

Servatius, 13. Mai

Der heilige Servatius ist der zweite Eisheilige. Servatius heißt „der Gerettete", vermutlich weil Gott ihn – der Legende nach – aus vielen Gefahren errettet hat. Er war Bischof in Tongern in Belgien, ein Engel soll ihn von Jerusalem dorthin geführt haben. Dem mit vielen Legenden verknüpften Servatius werden zahlreiche Wunder und Heilungen zugeschrieben. In Seltschach bei Arnoldstein, der einzigen Kärntner Kirche, die ihm geweiht ist, wird er mit einem Adler dargestellt, der den am Wegesrand schlafenden bischöflichen Pilger mit seinen Schwingen vor den Sonnenstrahlen beschützt und auch die Steine der Hunnen damit abgewehrt haben soll. Er steht, gemeinsam mit den anderen drei Eisheiligen, als Patron gegen die Frostgefahr.

Johannes Nepomuk, 16. Mai

Der heilige Nepomuk lebte im 14. Jahrhundert in Prag. Sein energisches Auftreten für die Rechte der Kirche und seine Weigerung, das Beichtgeheimnis zu verraten, erzürnten König Wenzel. Er wollte wissen was seine Frau gebeichtet hatte, als er keine Antwort erhielt, ließ er Johannes Nepomuk foltern und schließlich von der Prager Brücke in die Moldau stoßen. So wurde er zum Brückenheiligen und zum Helfer gegen alle Wassergefahren, er ist der Patron der Flößer, Schiffer und Müller, aber auch aller Beichtväter. Nepomuk ist eine der beliebtesten Heiligengestalten, sein Grab befindet sich im Prager Veitsdom. In Kärnten gibt es an die 150 Statuen und Abbildungen von ihm.

Der Florian (4.), der Florian noch einen Schneehut setzen kann.

Vor Servatius (13.) kein Sommer, nach Bonifaz kein Frost.

Mo 18

Erich ➧ Unterschenkel, Knöchel, Venen und das Herz schonen. Vorsicht bei Krampfadern – erhöhte Gefahr für Venenentzündungen. Die Sauerstoffaufnahme ist heute besonders wichtig. ✦ Gute Zeit für Entschlackungs- und Schlankheitskuren. ✤ Guter Tag zum Übersiedeln und zum Fensterputzen.

Di 19

Cölestin ➧ Wenn Sie Haare schneiden, hilft es, mehr Fülle zu bekommen, allerdings fliegen die Haare leichter. ✦ Verwenden Sie heute nur hochwertige Fette und Öle, sie werden gut verarbeitet. ✤ Böden schrubben. ✖ Heu ernten. ❀ Blütenpflanzen düngen, Rasen mähen und Ungeziefer bekämpfen.

Mi 20

Elfriede ➧ Eine Reflexzonenmassage wirkt heute und morgen Wunder. Auch Fußbäder sind nun sehr wohltuend. ✤ Stark verschmutzte Wäsche waschen. ❀ Salate und Blattgemüse pflanzen und Rasen mähen. Den Garten jäten und säubern.

Do 21

Hermann Joseph* – Christi Himmelfahrt ➧ Bäder zur Reinigung und Entschlackung sind angeraten. ✦ Kohlehydrate werden gut verwertet, frisch geerntetes Blattgemüse sollte am Speiseplan nicht fehlen. Wer nun fastet, kann mit größerem Erfolg rechnen. ❀ Zimmerpflanzen heute gießen.

Fr 22

Julia ➧ Die Hitzeempfindlichkeit ist größer, auch Kopfschmerzen treten häufiger auf. Schlechter Termin für Schönheitsoperationen und um Nasenpolypen zu entfernen. ✦ Viel Wasser trinken. ✤ Heute ausgiebig lüften. Fenster putzen, malen oder lackieren. ✖ Ein guter Tag für die Heuernte.

Sa 23

Desiderius ➧ Die Haare nehmen beim Färben die Farbe gut an. ✦ Eiweiß wird gut verarbeitet, Vorsicht bei Allergien. ✤ Erdbeeren verarbeiten. ✖ Die Milch bringt bei der Verarbeitung heute mehr Butter. ❀ Fruchtpflanzen setzen und Früchte zum Trocknen ernten.

So 24

Hannelore ➧ Hals und Stimmbänder heute schonen. ✦ Entschlackungs- und Fastenkuren sollten Sie heute oder morgen abschließen. Salze werden nun gut aufgenommen. ✤ Kein Termin zum Einkochen und Einlagern. ❀ Wurzelgemüse setzen oder zum schnellen Verzehr ernten. Unkraut vernichten; Bäume und Sträucher setzen.

22. Woche

Mai

Urban* Das Wetter schlägt bei Neumond gern um. Im Leben, in Haus und Hof ist heute der ideale Tag, um Platz für Neues zu schaffen. ✦ Heute ist der ideale Mondfasttag. ❀ In der Natur herrscht ein Minimum des Säftestandes, radikaler Rückschnitt bei Pflanzen schadet heute am wenigsten.

Mo 25

Philipp Neri* ✦ Frisches Blütengemüse ist heute ideal. Fette und Öle werden gut verwertet. ❀ Ein Setztermin für alle Blütenpflanzen und rankende Gewächse. Blumen, die man heute pflückt, halten länger.

Di 26

Augustin ➧ Nährmasken und Heilsalben sowie Arzneien wirken besser. Schultern und Arme sollten Sie schonen; auch die Rheumagefahr in diesem Bereich ist nun größer. ✤ Gebäck wird heute lockerer. Winterbekleidung wegräumen. ✖ Die Milchverarbeitung ist effektiver.

Mi 27

Wilhelm ➧ Der Körper kann gut aufnehmen, was man ihm an Kräftigendem oder Tees und Arzneien zuführt. ✦ Blattgemüse, wie Kohl, Kraut, Spinat und frische Salate essen. Kohlehydrate werden gut verwertet. ✤ Idealer Tag für Wasserinstallationsarbeiten. ❀ Pflanzen gießen.

Do 28

Erwin ➧ Vermeiden Sie Alkohol und schonen Sie ihre Leber und Galle. Operationen in diesem Bereich sind ungünstig. ✤ Alles nimmt Feuchtigkeit gut auf. Holzböden oder dergleichen heute nicht naß reinigen. Kein Tag zum Auslüften von Betten und Matratzen. ❀ Zimmerpflanzen gießen.

Fr 29

Ferdinand ➧ Nicht dringende Herzoperationen besser zu einem anderen Zeitpunkt. Guter Friseurtermin. ✦ Vermeiden Sie in den nächsten Tagen tierisches Eiweiß. Vorsicht ist auch bei Eiweißallergien geboten. ❀ Rasen säen oder mähen. Im Garten fruchttragende Pflanzen säen oder setzen.

Sa 30

Kanzian* – Pfingstsonntag ➧ Herz und Kreislauf schonen. Stärkende Mittel in diesem Bereich wirken allerdings sehr gut. Die Dauerwelle kraust stark, Haare schneiden kräftigt die Haarstruktur. ✦ Frisches Obst und Fruchtgemüse sind nun ideal. ✖ Jungtiere entwöhnen.

So 31

Diese beiden Wochen sind die ideale Zeit für die Schafschur. Die durchschnittliche Tagestemperatur ist nun soweit angestiegen, daß die Schafe ihres natürlichen Kälteschutzes nicht mehr bedürfen und die Wolle ist in einem optimalen Zustand. Übrigens: Wollwaschwasser eignet sich hervorragend als Blumen- und Pflanzendünger.

21. Mai – Christi Himmelfahrt

An den Tagen vor Christi Himmelfahrt werden Prozessionen für gute Ernten durchgeführt. In vorchristlicher Zeit trug man Götterbilder durch die Felder.

25. Mai – Neumond

Guter Termin zum Schlägern von Buche und Kiefer.

25. Mai – Urban

Mit dem heiligen Urban wurden die Kühe wieder auf die Weide getrieben und es hieß „Bis Urbani hat der Fütterer die Schuld, wenn zu wenig Futter ist, nach Urbani das Wetter“.
In der letzten Mai-Woche blühen auch meist schon die Kirschbäume und es hieß immer: „Wie das Wetter bei der Kirschenblühe ist, so ist es auch bei der Reife“.

31. Mai – Pfingstsonntag

Kranzelreiten in Weitensfeld. Der Wettlauf der Burschen erklärt sich durch eine Sage, nach der drei in der Pestzeit am Leben gebliebene Bürgersöhne sich um das Burgfräulein bewarben, die sagenhafte Stammutter von Weitensfeld. Die Männer und Burschen von Weitensfeld reiten auf schweren Gurktaler Pferden in die Nachbarorte Zweinitz und Altenmarkt, um sie zum Fest einzuladen. Nach einem Wettritt beginnen die Burschen in der kultischen, weißen Gewandung mit roter Schärpe den Lauf. Ebenso berühmt ist das Kufenstechen und der Lindentanz in Feistritz an der Gail.

Hermann Joseph, 21. Mai

Der 1250 in Köln am Rhein geborene Heilige ist der Patron der Uhrmacher. Dieses Handwerk hat er erlernt, jedoch nicht lange ausgeübt, denn er ging schon in jungen Jahren ins Prämonstratenserkloster Steinfeld an der Eifel. Seine große Liebe zur Gottesmutter, die ihm auch mehrmals erschienen sein soll, hat ihn zu diesem Schritt bewogen. In Kärnten gibt es nur eine einzige Darstellung und zwar an der Außenwand der Kirche im Stift Griffen, einem ehemaligen Prämonstratenserkloster. Dargestellt wird er immer in Chorkleidung, das Jesukind auf dem Arm, wie es ihm Maria auf seine inständigen Bitten hin im Traum reicht.

Urban, 25. Mai

Der heilige Urban wird vor allem in Weingegenden sehr verehrt und gilt als Schutzpatron der Winzer. Denn er versteckte sich einmal vor seinen Verfolgern hinter einem Weinstock. Auf den Abbildungen hält er zumeist ganze Reben in den Händen. In St. Urban bei Feldkirchen ist ihm eine Kirche geweiht, dort steht er in barockem Glanz am Hochaltar. Urban ist aber nicht nur der Schutzheilige der Weinbauern, er beschützt auch vor Trunkenheit und Unwetter.

Philipp Neri, 26. Mai

Philipp Neri war ein außergewöhnlicher Mann. Er lebte in Rom eine ganz besondere Form der Heiligkeit und Frömmigkeit, die der Fröhlichkeit und des Humors. Der lachende Heilige wurde in Florenz geboren und liebte die schönen Künste. Er schlug alle Ehrungen und kirchlichen Ämter aus und gründete die Oratorianer, eine Einrichtung tiefster religiöser Bildung. Die Römer nennen ihren Heiligen, der noch heute Rom beschützt, „Il Santo". Dargestellt wird er meistens mit Stock, Rosenkranz und flammendem Herzen.

Kanzian, St. Kanzian am Klopeinersee

Kanzius, Kanzianus und Kanzanilla, 31. Mai

Die drei heiligen Geschwister Kanzius, Kanzian und Kanzanilla waren wohlhabende Römer, die ihre Besitztümer verkauften, um den Erlös den Armen zu schenken. Sie werden als Christen verfolgt und fliehen nach Aquilea, wo sie ergriffen und enthauptet werden. Drei Kirchen verehren die Geschwister in Kärnten: Saak bei Nötsch, St. Kanzian am Klopeinersee und am Kanzianiberg bei Goritschach. Gezeigt werden sie in ritterlich fürstlichem Gewand, alle drei tragen einen Stab, der vermutlich früher ein Schwert war, ein Hinweis auf ihren Tod. Der Wagen ist als Symbol der Flucht zu sehen.

Viel Gewitter im Mai, singt der Bauer juhei.

Scheint Sonne am Urbanitag (25.), wächst guter Wein nach alter Sag'.

Juni

23. Woche

Mo 1

Justinus – Pfingstmontag ➧ Der Blutkreislauf ist nun aktiver, Herzklopfen! Aufbauende, nährende Cremen und Salben wirken nun günstig. ✣ Haus und Stall gut lüften. ✖ Guter Tag für die Milchverarbeitung und żum Brotbacken.

Di 2

Erasmus* ➧ Nicht dringende Darmoperationen verschieben. Eingewachsene Nägel behandeln. Die Dauerwelle hält länger als üblich. ✦ Achten Sie auf Ihren Stoffwechsel und bevorzugen Sie ballaststoffreiche Nahrung. ❀ Wurzelgemüse, das nun geerntet wird, hält sich gut.

Mi 3

Morandus ➧ Die Therapie mit Schüssler-Salzen wirkt besser als sonst. ✦ Verzichten Sie auf schwere Speisen und nehmen Sie mineralstoffreiche Kost zu sich. Salze werden gut verarbeitet. ✣ Nur kurz lüften. ❀ Heilkräuter, die den Magen-, Darmtrakt betreffen, sammeln und anwenden, zum Beispiel Artischockenblätter, Wegwarte oder wilde Möhren.

Do 4

Clothilde Ausspannen und planen sollte das Motto des Tages sein. Das Selbstbewußtsein nimmt zu. ➧ Nieren- oder Blasenentzündungen treten häufiger auf, vorbeugend viel Wasser trinken. ✦ Frisches Blütengemüse und hochwertige Öle werden gut aufgenommen. ✖ Vieh auf die Weide treiben.

Fr 5

Winfried ➧ Rheumasalben wirken bei Hüftschmerzen besonders gut. ✣ Stall, Kellerräume und Haus lüften. ✖ Tiere kann man gut umsiedeln. ❀ Blütengemüse säen und pflanzen. Gute Zeit für die Gartenarbeit; was im Herbst blüht, nun düngen.

Sa 6

Norbert* ➧ Vorsicht bei Gewichtsproblemen. ✦ Achten Sie auf gesunde Nahrung, Fette und Öle werden nun gut verdaut. ✣ Das Gebäck von heute wird lockerer. ✖ Günstige Zeit für die Verarbeitung der Milch. ❀ Blumen und Blütengemüse wie Brokkoli und Karfiol setzen.

So 7

Robert ➧ Besondere Schonung für Schwangere. Bei Frauenleiden wirken Sitzbäder nun sehr gut. ❀ Alle Kräuter, die im Bereich der Geschlechtsorgane wirksam sind (Frauenmantel), sollten nun gepflückt und angewendet werden. Schnecken bekämpfen, Blumen und Wiesen düngen und gießen.

24. Woche

Juni

Medardus ➧ Alles Schädliche wirkt intensiver. Alkohol oder übermäßiges Essen sind noch ungünstiger. Alles nimmt mehr Feuchtigkeit auf, Nährbäder oder Feuchtigkeitsmasken wirken besser ✦ Kohlehydrate werden gut verwertet. ✖ Gut für Wasserinstallationen. Kein Tag für Heu-, Holz- oder Malerarbeiten. ❀ Blattgemüse setzen und Zimmerpflanzen gießen.

Mo 8

Primus* ➧ Schonen Sie Ihre Oberschenkel und Hüfte, auch Muskelkrämpfe treten nun häufiger auf. Für die Dauerwelle genügt eine kürzere Einwirkzeit. Die Hitzeempfindlichkeit ist nun größer als sonst. Beim Haarefönen beachten. ✦ Eiweiß und Früchte sind nun ideal. ✤ Gebäck im Rohr brennt schneller an.

Di 9

Diana Sensible Menschen werden heute unter Umständen unruhig schlafen. Die Stimmung in der Familie oder am Arbeitsplatz kann spannungsgeladen sein. ➧ Dunkles Haar, das man bei Vollmond schneidet, wird angeblich eine Nuance heller. ✦ Schonen Sie sich, auch bei der Ernährung.

Mi 10

Barnabas – Fronleichnam ➧ Der Körper atmet nun wieder aus und gibt ab. ✦ Schlankheits- und Entschlackungskuren jetzt beginnen. ✤ Es trocknet gut, daher ausgiebig lüften. ❀ Fruchtpflanzen soll man düngen, ein guter Termin für die Rosenpflege. Früchte, die getrocknet werden sollen, nun ernten.

Do 11

Leo ➧ Knie, Knochen und Gelenke schonen, Vorsicht vor Überanstrengungen, vor allem bei Meniskusschwäche. ✦ Frisch geerntetes Wurzelgemüse ist ideal für die gesunde Ernährung. Mineralstoffe werden gut aufgenommen. ✤ Kurz lüften. ❀ Ein Tag zum Jäten, Roden und Auslichten.

Fr 12

Antonius von Padua* ➧ Gut zum Ableiten und Entfernen: Peeling der Haut, Enthaarungen und Nagelpflege. ✖ Schädliches zeigt geringere Wirkung, daher günstiger Tag für Arbeiten mit Farbe, Klebstoff oder Lack. ❀ Wurzelgemüse setzen oder ernten, Kartoffel häufeln.

Sa 13

Hartwig ➧ Achten Sie auf Ihre Unterschenkel, Operationen an Krampfadern besser verschieben, Beine öfters hochlagern. ✦ Blütengemüse, wie Karfiol oder Brokkoli werden gut aufgenommen. ✤ Fenster putzen und Malerarbeiten sind günstig. ✖ Nun gepreßte Ölfrüchte geben mehr Ertrag.

So 14

7. Juni – Dreifaltigkeitssonntag
Dieser Feiertag kam um die Jahrtausendwende in den Benediktinerklöstern in Frankreich und Gallien auf. Die Lehre von der Dreieinigkeit Gottes wurde zum zentralen Dogma des christlichen Glaubens. Das Wörterbuch zur Volkskunde nennt an Verboten für den frommen Tag Tätigkeiten wie Baden, Reisen, Klettern, Nähen. An diesem Tag Geborene, sagt man, seien Glückskinder, sie sehen mehr als andere.

(Aus: „Das Brauchbuch")

An diesem Tag wird der berühmte Hüttenberger Reiftanz abgehalten. Ein Tanz vor der „Laubhütte" – dem Pfingstzelt des Maikönigs. Ein Fest für die Bergleute und die jugendliche Maibraut. Der Schlag mit der Pritsche, das Besprengen der Zuschauer mit Wasser und alte kultische Tanzspiele runden diesen berühmten Reiftanz ab, der nach der Stillegung des Bergbaues von der Feuerwehr wiederbelebt wurde.

11. Juni – Fronleichnam
Das Hochfest des Leibes und Blutes Christi. Der Name leitet sich ab von Fron (= Herr) und Lichnam (= lebendiger Leib). Im Mittelalter gingen die Gläubigen nur zu Ostern, Pfingsten, Weihnachten, Maria Himmelfahrt und Allerheiligen zur Kommunion. Umso größer war das Verlangen nach Schau und Verehrung des Sakramentes. Die mittelalterliche Eucharistie-Theologie kam dem entgegen. Das Anschauen der Hostie und in der Folge die Aussetzung des Allerheiligsten wurden daher nicht nur bei der Meßfeier selbst möglichst ausgedehnt, sondern auch außerhalb der Messe, und als deren Ersatz verstanden. Die Fronleichnamsprozession mit dem Allerheiligsten in der Monstranz, die der Priester unter dem „Himmel" zuträgt, kam erst später dazu. Der Prozessionsweg ist üblicherweise mit Birkenzweigen geschmückt, die am Ende mitgenommen werden, weil man sich davon Segen in Haus und Hof erhofft.
Die evangelischen Diözesen begehen am Fronleichnamstag das Gustav-Adolf-Fest, das abwechselnd von einer Gemeinde vorbereitet wird und mehrere hundert Besucher zählt. Der Kirchentag ist das Jahresfest des Gustav-Adolf-Vereins.

(Aus: „Das Brauchbuch")

11. Juni – Cyrill und Method
Gedenktag der Slawenapostel.

13. Juni – Antonius
Einer der beliebtesten Volksheiligen der Weltkirche. Weil er einen ins Meer gefallenen Ring in einem Fisch wiedergefunden hat, gilt er als Patron der verlorenen Sachen. Er gilt auch als Schutzheiliger der Frauen auf Partnersuche, der Brautleute sowie für Ehe und Familie. In vielen katholischen Pfarrkirchen steht eine Statue von ihm, in vielen findet sich ein eigener Antonius-Altar.

Sträucher und Unkräuter, die drei Tage vor der Sommersonnenwende ausgerissen werden, sollen nicht mehr nachwachsen.

Erasmus, 2. Juni

Erasmus, Bischof von Antiochia, verbirgt sich, so erzählt die Legende, sieben Jahre auf dem Libanon, um durch inständiges Beten die Christenverfolgung abzuwenden. Ein Rabe bringt ihm Nahrung. Als er zurückkehrt, wird er ins Gefängnis geworfen. Er übersteht alle Martern unbeschadet und wird von Engeln befreit. Weil er einen bedrohlichen Sturm auf hoher See durch Gebet vertreiben konnte, gilt er als Patron der Seeleute. Erasmus, einer der 14 Nothelfer, wird mit der Seilwinde dargestellt, mit der man ihm zum Martyrium die Gedärme aus dem Bauch zog. Er wird angerufen bei Kolik und Geburtsschmerzen.

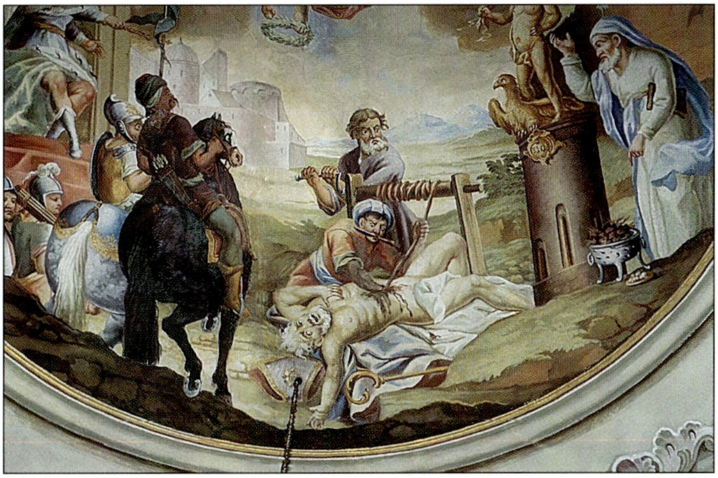

Erasmus, Bürgerspitalkirche Bleiburg

Norbert, 6. Juni

Norbert, 1085 in Xanten am Unterrhein geboren, verzichtet auf Reichtum und Besitz zugunsten der Armen und wird später Erzbischof von Magdeburg. Der berühmte Prediger gründet 1120 den Prämonstratenserorden. Im ehemaligen Stift Griffen thront er deshalb an der barocken Westfassade der Stiftskirche im Giebel unter einem Baldachinvorhang aus Stuck. Er gilt als Patron der Wöchnerinnen, weil viele angeblich durch den Staub seiner Reliquien gerettet wurden, wenn ihr Leben in Gefahr war.

Primus, 9. Juni

Der heilige Primus wurde gemeinsam mit seinem Bruder Felicianus den Bären und Löwen vorgeworfen, weil sie Christen waren und nicht den heidnischen Göttern opfern wollten. Als die Tiere sich zahm zu ihren Füßen legten, hat man die beiden enthauptet. In St. Primus am Kreuzbergl bei Klagenfurt stehen sie am Hochaltar, mit dem Schwert als Symbol der Hinrichtung. Es ist eine der fünf Kirchen, die dem römischen Heiligen Primus in Kärnten geweiht sind. Auch die berühmte Wallfahrtskirche Maria Wörth ist Primus und Felician geweiht.

Antonius von Padua, 13. Juni

Antonius war ein großartiger Prediger. Die Legende berichtet, daß ihm am Ufer von Rimini zwar die Menschen nicht zuhören wollten, dafür aber die Fische ihre Köpfe aus dem Wasser streckten. Dieses Wunder hat angeblich viele bekehrt. Antonius lebte vor 800 Jahren in Italien, in Kärnten sind ihm 6 Kirchen geweiht, unter anderem die Antoniuskapelle des ehemaligen Garnisonsspitals in der Lerchenfeldstraße. In Franziskanertracht mit dem Jesukind am Arm wird er oft auch „Kindltoni" genannt. Er ist der Schutzheilige der Reisenden, der Liebenden, Fürsprecher für eine gute Ehe, gegen Unfruchtbarkeit und Fieber. Patron der Bergleute, Bäcker und Haustiere. Antonius wird auch angerufen, wenn man etwas verloren hat. Nach altem Volksglauben findet man am Antoniustag Dinge wieder, die man verloren und oft auch schon vergessen hat.

An Antoni (13.) ist gute Flachssaat.

Mo 15

Vitus* ➧ Der Körper atmet aus und gibt ab. Alles Reinigende und Entschlackende ist angebracht. Lösende und entgiftende Massagen wirken gut. ✦ Öle und Fette werden gut verwertet. ✤ Lüften, Einwintern und Verstauen von Winterkleidung, Schuhe imprägnieren. ✖ Holz einlassen. ❀ Kräuter und Blütenpflanzen setzen.

Di 16

Benno ➧ Füße, Zehen, Fersen schonen; Fußreflexzonenmassage und Fußbäder sind sinnvoll. ✦ Kohlehydrate und frisch geerntetes Blattgemüse sollten am Speiseplan stehen ✤ Günstiger Termin für den großen Hausputz. Gute Zeit, um Ungeziefer zu bekämpfen. ❀ Blumen gießen.

Mi 17

Marina ➧ Operationen an Füßen und Zehen verschieben. Hühneraugen ohne Metallwerkzeuge behandeln. ✤ Stark verschmutzte Wäsche nun reinigen. ❀ Blattgemüse und Salat pflanzen oder ernten. Den Garten jäten, säubern und gießen, auch die Zimmerpflanzen bewässern.

Do 18

Simplicius ➧ Meiden Sie Streß, Kopfschmerzen treten nun häufiger auf. ✦ Viel Wasser trinken. Obst und Fruchtgemüse sowie eiweißreiche Nahrung empfohlen. ✤ Das Wärmeempfinden ist nun stärker, die Dauerwelle braucht eine kürzere Einwirkzeit. ❀ Guter Tag zum Heu ernten.

Fr 19

Romuald – Herz-Jesu-Fest ✦ Eiweiß wird gut verarbeitet, allerdings Vorsicht bei Allergien. ✤ Guter Tag zum Einkochen, Abfüllen und Konservieren. Ausgiebig lüften, heute trocknet alles sehr gut. Schimmel von den Wänden entfernen. ❀ Früchtetragendes Gemüse heute setzen oder ernten.

Sa 20

Adalbert ➧ Schonen Sie Hals und Stimme. Maßnahmen gegen Zahnbelag sind heute sinnvoll. ✦ Sellerie, Karotten, rote Rüben und Kartoffeln sind heute die richtigen Gemüsesorten für die Küche. Salze und Mineralstoffe werden gut aufgenommen.

So 21

Aloisius* – Sommerbeginn ➧ Die Tage vor Neumond sind gut für Operationen geeignet, außer im Bereich des Kiefers. ✖ Günstiger Tag für alle Erdarbeiten; Laufplatten und Zäune sollten nun verlegt werden, in die Erde gerammte Pfähle halten nun besser.

26. Woche

Juni

Achatius* ➧ Günstiger Termin für Operationen, ausgenommen im Schulter- und Armbereich. Das heute gekürzte Haar wächst schnell wieder nach. ✦ Achten Sie auf Ihren Fettkonsum, Fette und Öle werden gut verarbeitet. ✤ Unkraut bekämpfen und Heu einbringen.

Mo 22

Edeltraud ➧ Kein Tag für Höchstleistungen, depressive Menschen sollten viel Licht und Sonne aufnehmen. ✦ Leichte Kost und viel frisches Wasser empfiehlt die Monddiät. ✖ Heute und morgen sind ungünstige Tage für den Kaminbau, er zieht sonst schlecht. Tiere gewöhnen sich gut an eine neue Umgebung. Haustiere kastrieren lassen.

Di 23

Johannes der Täufer* Der Neumond wurde auch leerer oder toter Mond genannt, weil der Eindruck des Ausgeliefertseins an eine ungewisse Zukunft entsteht. ✦ Die Entschlackungs- und Entgiftungsbereitschaft ist nun am größten, deshalb unbedingt fasten. ❀ Ungünstig zum Sammeln von Heilkräutern, einzige Ausnahme sind Wurzeln, der Saft ist nun dort konzentriert.

Mi 24

Eleonore ➧ Der Körper beginnt nun wieder einzuatmen, er nimmt auf, speichert Energie und sammelt Kraft. Schonen Sie Leber und Galle. ✦ Blattgemüse und frische Salate sollten auf den Tisch. ❀ Guter Termin, um Rasen zu mähen, er wird dichter; gießen. Schnellwachsendes Blattgemüse kann noch gesetzt werden.

Do 25

Johannes und Paulus* ➧ Ungünstige Tage für Operationen an Leber, Galle und Magen, ab morgen auch am Herzen. ♦ Kohlehydrate werden sehr gut aufgenommen, achten Sie auf Qualität. ❀ Die Obstbäume, wenn notwendig, wässern, Zimmerpflanzen gießen.

Fr 26

Hemma von Gurk* ➧ Herzklopfen tritt häufiger auf, der Blutkreislauf ist sehr aktiv. Der ideale Haarschnittermin, wenn Ihr Haar kräftig und schnell nachwachsen soll. ✦ Eiweiß wird nun gut verwertet. ❀ Auch im Garten gilt dieses Motto: alles schneiden, was schnell und kräftig nachwachsen soll.

Sa 27

Irenäus Das Selbstbewußtsein steigt, alles was kräftigt und aufbaut nimmt der Körper nun besser auf. ➧ Cremen und Salben, Tees und Arzneien wirken besser in dieser Mondphase. ✦ Die Mondküche empfiehlt hochwertiges Eiweiß, viel Obst und Fruchtgemüse. ✤ Guter Tag zur Milchverarbeitung und zum Brotbacken.

So 28

19. Juni – Herz Jesu Fest
Am dritten Freitag nach Pfingsten wird das Hochfest Herz Jesu begangen. Es gilt erst seit 1856 für die ganze Kirche. Die biblische Sprache meint mit Herz die Personmitte des Menschen. Die mittelalterliche Passionsmystik sah im Herzen Jesu das Symbol des Opferleidens, nachdem ein Soldat den Gekreuzigten mit einer Lanze gestochen hatte.

(Aus: „Das Brauchbuch")

27. Juni – Hemmawoche
Hemma von Gurk wurde schon bald nach ihrem Tod als Selige verehrt. Ihre Fürbitte soll viele Menschen von Augenleiden befreit haben. Der Augensegen mit dem Ring der Heiligen Hemma wird nicht nur in Kärnten, sondern auch in Wien gepflogen. Anfang Juni kommt dieser Ring für eine Woche nach Wien in die Pfarre Maria Hilf, dort finden in dieser Woche täglich um 15 Uhr Augensegnungen statt.

Vitus, 15. Juni

Vitus oder Veit wurde schon als Kind und junger Christ von seinem heidnischen Vater gequält, sodaß er mit seinem Lehrer Modestus und der Amme Kreszentia mit dem Schiff aus Sizilien nach Italien fliehen mußte. Er gehört zu den 14 Nothelfern und wird gegen die Fallsucht angerufen, da er den Sohn des Kaisers Diokletian davon geheilt hat. Dennoch verfolgte ihn der Kaiser, doch er widerstand allen Martern, aus einem Kessel mit siedendem Öl stieg er unversehrt hervor. Angerufen wird Vitus auch bei Schlangenbissen, Bettnässen, Feuergefahr und Unwetter. Er gilt als Schutzpatron der Apotheker, Kupferschmiede, Tänzer und Schauspieler.

Aloisius, 21. Juni

Aloisius war der älteste Sohn eines Markgrafen. Er verzichtete auf Reichtum und weltliche Macht und trat nach seinen mathematischen und philosophischen Studien ins Jesuitenkloster ein. Das Attribut des Aloisius ist die Lilie, das Zeichen der Reinheit. Damit hängen auch seine Patronate für die Reinheit des Herzens und die rechte Berufswahl zusammen. Seit dem 18. Jahrhundert verehren ihn die Studenten als ihren Schutzheiligen. Sein Wunsch in Rom zu sterben erfüllt sich, als er dorthin berufen, sein Leben 1591 der Pflege von Pestkranken opfert.

Achatius, 22. Juni

Achatius gilt als Anführer der 10 000 Märtyrer, die von Kaiser Hadrian in die Dornen gestürzt wurden. Er ist einer der 14 Nothelfer, mit Dornenzweig oder Dornenkranz und meist als Krieger in Rüstung dargestellt. Er gilt als Schutzpatron vor allen Übeln, schwerer Krankheit und Todesangst.

Johannes der Täufer, 24. Juni

Johannes ist der Vorläufer und Wegbereiter Jesu Christi. Mit Kreuzstab, Schwert und Lamm wird er dargestellt. Der Prediger Johannes der Täufer wird dem König Herodes unbequem. Auf Wunsch von dessen Tochter Salome wird er geköpft, sein Haupt erlangte im Volksglauben besondere Bedeutung. In Johanneskirchen opferte man in mit dem Haupt des heiligen Johannes verzierten Holzschüsseln und erhoffte sich Heilung bei Kopfschmerzen oder Unfruchtbarkeit. Viele Kärntner Kirchen sind dem heiligen Johannes geweiht.

Johannes und Paulus, 26. Juni

Die beiden Wetterheiligen Johannes und Paulus waren wohlhabende Römer im Dienst der Tochter des Kaisers Konstantin. Kaiser Julian, ein erbitterter Gegner des Christentums, ließ sie enthaupten, weil sie nicht in seine Dienste treten wollten. Dargestellt werden die Märtyrer meist als römische Ritter: Johannes mit Palme und Schwert, Paulus mit Lanze und Blitz. Sie sind Patrone gegen Blitz, Gewitter, Hagel, Pest und Regen und werden deshalb auch die „Wetterherren" genannt. In St. Martin im Granitztal finden wir die einzige Darstellung in Kärntens Kirchen.

Hemma, Zweinitz

Hemma, 27. Juni

Hemma, die Gräfin von Friesach-Zeltschach, wird als Gründerin des Frauenklosters Gurk verehrt. Sie war mit dem Grafen Wilhelm an der Sann verheiratet. Nach dem Tod ihres Mannes und ihrer beiden Söhne überläßt sie 1043 ihren stattlichen Besitz dem Kloster, in dem sie auch bestattet wird. Zu ihrem Grab in der Krypta des Gurker Domes pilgern jährlich Tausende Menschen. Die Legende berichtet von Heilungen bei Lähmungen und Augenleiden. Wer auf dem Hemmastein sitzt, dem soll der Kinderwunsch in Erfüllung gehen, sagt man. Dargestellt wird die Landesmutter Kärntens mit dem Kirchenmodell und der Rose als Symbol ihrer Nächstenliebe.

Oh heiliger Veit (15.) regne nicht, daß es uns nicht an Gerst' gebricht.
Der September wird verregnet sein, wenn es am Veitstag schön ist.

Vor Johanni (24.) bitt' um Regen, nachher kommt er ungelegen.

Juni/Juli

27. Woche

Mo 29

Peter u. Paul* ➧ Die Dauerwelle von heute hält länger. ✦ Mineralstoffreiche Nahrung ist heute empfehlenswert, Salze werden gut aufgenommen. Schüssler-Salze wirken besser. ❀ Heute jene Heilkräuter sammeln und anwenden, die für den Magen-Darm-Trakt gut sind (Löwenzahnwurzeln, Artischockenblätter, Wegwarte usw.).

Di 30

Donatus* ➧ Alkohol und Tabletten wirken noch intensiver als üblich. Gelsen- und Wespenstiche machen bei zunehmendem Mond mehr Beschwerden. ✦ Frisches Wurzelgemüse essen. Leichte Kost ist zu empfehlen. ✖ Günstiger Tag für Erdarbeiten. ❀ Guter Tag zum Setzen, Säen oder Umtopfen, es wurzelt gut.

Mi 1

Regina ➧ Operationen an den Nieren oder im Beckenbereich, so möglich, verschieben. ✦ Fette und Öle werden gut verwertet, achten Sie auf entsprechende Qualität. ✖ Vieh auf die Weide treiben. ❀ Blumen für Trockengestecke halten länger, wenn sie heute gepflückt werden. Blumen oder Blütengemüse säen und pflanzen.

Do 2

Mariä Heimsuchung ➧ Viel frische Luft und Licht tanken, Heilkräuter gegen Nierenleiden heute pflücken und auch anwenden. ✦ Karfiol oder Brokkoli essen. ✤ Gebackenes wird locker, verarbeitete Milch gibt gute Erträge. ✖ Heute gepreßte Ölfrüchte geben guten Ertrag und hohe Qualität.

Fr 3

Thomas Apostel* ➧ Viel trinken und bei Lichtempfindlichkeit die Sonnenbrille nicht vergessen. Nährmasken und aufbauende Cremen sind sehr wirkungsvoll. ✤ Ausgiebig lüften und trocken Staub wischen. ❀ Im Garten schneiden, was schnell nachwachsen soll.

Sa 4

Ulrich* ➧ Operationen im Bereich der Geschlechtsorgane vermeiden. Schwangere Frauen sollten sich in den nächsten Tagen noch mehr schonen. ✦ Kohlehydrate werden gut verdaut. ✤ Stachelige Pflanzen pflegen, Zimmerpflanzen düngen und gießen.

So 5

Anton ➧ Der Körper atmet ein, Aufbauendes wirkt nun besser. Gute Zeit für eine Bioresonanz-Therapie. ✤ Nur kurz lüften, guter Zeitpunkt für Wasserinstallationsarbeiten. ❀ Kräuter sammeln, vor allem jene, die bei Frauenleiden wirksam sind. Im Garten Schnecken bekämpfen.

28. Woche

Juli

Marietta ➧ Gute Zeit für Bachblüten- oder Bioresonanz-Therapie. ✦ Früchte und Fruchtgemüse empfiehlt die Mondiät. Eiweiß wird gut verdaut, das Fettwachstum angeregt. ✖ Drei Tage vor dem Vollmond ist ein idealer Termin zum Ansetzen und Entwöhnen der Jungtiere.	Mo 6	
Willibald* ➧ Wunden heilen nun schlechter als sonst. ✤ Ausgiebig lüften, guter Termin zum Brotbacken und zum Verarbeiten der Milch. ❀ Knapp vor dem Vollmond ist die optimale Erntezeit für Heil- und Küchenkräuter, aber auch von Gemüsesorten. Das Aroma von Kräutern ist optimal, der Salat knackig.	Di 7	
Kilian ➧ Je näher der Vollmond, umso mehr Menschen klagen über Schlafstörungen. ✖ Als Test, welches Getreide im nächsten Jahr gut wächst, heute von jeder Sorte ein wenig säen. Was bis 20. Juli aufgeht, gedeiht gut. ❀ Der zunehmende Mond begünstigt die oberirdische Pflanzenentwicklung. Erntefrüchte sind nun saftiger, aber nicht sehr lagerfähig. Gut für die Rosenpflege.	Mi 8	
Veronika Der Säftestand ist nun am höchsten, alles wird gut aufgenommen. ➧ Knie, Knochen und Gelenke schonen. ✤ Normalerweise kein Setztermin, man sagt jedoch, Bohnen und Linsen bei Vollmond gesetzt, bleiben schneckenfrei. ✖ Honig, bei Vollmond geerntet, ist ergiebig und kräftig.	Do 9	
Alexander ➧ Lösende und entgiftende Massagen sind nun sinnvoll. Schonen Sie Ihre Knie bei Meniskusschwäche. ✦ Fastenkuren beginnen, der Körper gibt wieder ab. Frisch geerntetes Wurzelgemüse sollte heute auf den Tisch. ✤ Nägel schneiden, bei Tieren ist Horn-, Klauen- und Fellpflege nun günstig.	Fr 10	
Benedikt von Nursia* ➧ Massagen zum Entspannen und Entgiften sind sinnvoll. Schonen Sie Ihre Beine, Vorsicht bei Venenproblemen. ✦ Verwenden Sie hochwertige Fette und Öle, sie werden gut verwertet. ✤ Guter Tag für den Hausputz, Fenster putzen und dgl.	Sa 11	
Hermagoras* ➧ Reinigendes und Klärendes für Haut und Haar ist nun günstig. ✤ Silber, Messing und Kupfer kann man heute gut reinigen. Guter Tag, um Unerwünschtes zu entfernen. ✖ Ideal für Maler- und Lackierarbeiten. Streu soll man nun einfahren. ❀ Auch Verblühtes im Garten sollte entfernt werden.	So 12	

29. Juni – Peter und Paul
Beginn des bäuerlichen Ringens oder Rangelns.

Wie sich der Herbst gestalten wird, erfuhr der Bauer früher auch vom Kuckuck. „Soviel Tage der Kuckuck nach dem Peterstag (29.) schreit, so viel schöne Wochen gibt es im Herbst.“ Nach dem Peterstag beginnt auch zumeist die Mahd, sie dauert bis Mitte August, manchmal sogar bis Bartlmä.

Peter und Paul, 29. Juni

Petrus und Paulus, die beiden berühmten Apostel, erlitten unter Kaiser Nero in Rom den Märtyrertod. Petrus am Kreuz, Paulus wurde enthauptet. Der Klagenfurter Dom ist eine der vielen Kirchen, die den beiden Heiligen geweiht sind. Petrus ist Patron der Brückenbauer, der Maurer und Steinhauer, der Fischer, Tuchweber, Schlosser und Schmiede. Die Schlüssel in seinen Händen weisen ihn als Pförtner des Himmelreiches aus. Paulus, mit Philosophenbart, Buch und Schwert abgebildet, ist der Schutzheilige der katholischen Presse, Patron der Seiler, Weber, Sattler, aber auch der Theologen. Sein Beistand wird für Regen und Fruchtbarkeit angerufen.

Peter und Paul, Diözesanmuseum Klagenfurt

Donatus von Münstereifel, 30. Juni

Von diesem frühchristlichen Heiligen ist nichts Näheres bekannt. Als seine Reliquien 1652 in das Jesuitenkolleg von Münstereifel gebracht werden, verwandelt sich strömender Regen plötzlich in Sonnenschein, ein vom Blitz getroffener Pater wird nach Anrufen des Donatus geheilt. Seither gilt er als Wetterheiliger. Er wird in römischer Soldatentracht dargestellt, mit einem Bündel Blitze in der Hand. Seine Verehrung könnte aber auch älter sein und den Kult um Jupiter verdrängt haben, der auch mit Blitzen dargestellt wird. In Kärnten ist ihm die Kirche von St. Donat geweiht, wo seine Statue am Hochaltar zu finden ist.

Thomas, Apostel, 3. Juli

Der ungläubige Thomas, so heißt es im Volksmund, weil der Apostel, der beim ersten Erscheinen nach der Auferstehung Jesu nicht zugegen war, daran gezweifelt hatte. Er war Baumeister und sollte, so berichtet die Legende, in Indien König Gundafar einen Palast nach römischer Bauart planen. Thomas verteilte während der Abwesenheit des Königs dessen Schätze an die Armen und bekehrte sie. Daraufhin wurde er gefoltert und getötet. Er ist der Schutzpatron der Architekten, Geometer und Zimmerleute, der Maurer und der Steinhauer.

Ulrich, 4. Juli

Der Heilige war Reichsfürst und Bischof von Augsburg, er war beim Volk angesehen und beliebt. Hoch zu Roß ohne Helm und Harnisch, wohl aber mit der Priesterstola bekleidet, leitete er erfolgreich die Verteidigung der Stadt gegen die anstürmenden Ungarn. Der Heilige wird angerufen bei Mäuse- und Rattenplagen, er hilft bei Fieber, Körperschwäche, schwerer Entbindung und ist der Patron der Weber. Die Legende erzählt, daß man ihn bei Herzog Arnulf von Bayern beschuldigte, er äße am Karfreitag Fleisch, aber als ein Bote als Beweisstück Reste des Bratens vorlegen wollte, verwandelte sich dieser in einen Fisch. Deshalb wird er häufig mit diesem Tier dargestellt. Wie in St. Ulrich bei Feldkirchen, eine der 20 Kirchen, die ihm in Kärnten geweiht sind.

Willibald, 7. Juli

Willibald stammte aus der angelsächsischen Königsfamilie des heiligen Richards. Er pilgerte ins Heilige Land, war Mönch in Montecassino und gilt als Gründer von Kloster und Dom von Eichstätt in Deutschland, wo er später als Bischof wirkte. Willibald ist Patron der Diözese Eichstätt sowie Schutzheiliger der Gittermacher. Er ist der Bruder des heiligen Wunibald und der heiligen Walburga. Gemeinsam mit seiner Schwester finden wir ihn auch am Hochaltar der Kirche in Klagenfurt-St. Martin. Die einzige Kirche, die dem Heiligen in Kärnten geweiht ist, steht in St. Willibald am Krappfeld.

Benedikt, 11. Juli

Der Heilige wurde in Nursia in Umbrien geboren. Er gilt als der Vater des abendländischen Mönchtums, gründete den Benediktinerorden und auch das berühmte Kloster in Montecassino, er ist der Schutzpatron Europas. Benedikt widersteht vielen Versuchungen und Plagen, seine strenge Klosterzucht macht ihn allerdings bei vielen Mönchen verhaßt, aber das Gift, das sie ihm im Becher reichten, entwich als Schlange, als Benedikt das Kreuzzeichen darüber machte. Das vergiftete Brot wurde von einem Raben in Sicherheit gebracht, so erzählt es die Legende. Zwei Kirchen sind ihm in Kärnten geweiht, in Penzelberg bei Winklern und in Weinberg bei St. Paul im Lavanttal. Dort wird er gemeinsam mit seiner geliebten Schwester, der heiligen Scholastika verehrt.

Hermagoras, 12. Juli

Es ist nicht lange her, da hieß Hermagor noch St. Hermagor und erinnerte mit der diesem Heiligen geweihten Kirche an den Märtyrer aus Aquilea. Vermutlich wurde er gemeinsam mit seinem Schüler Fortunat hingerichtet. Ob er tatsächlich Bischof von Aquilea war oder einfach ein berühmter Prediger und Märtyrer, dem viele Wunder zugeschrieben werden, darüber sind sich die Experten nicht einig. Als Bischof wird er jedenfalls in Hermagor dargestellt, gemeinsam mit Fortunatus.

Wenn's am Siebenbrüdertag regnet (10.), regnet es sieben Wochen.

Mo 13

Heinrich II.* ➧ Gute Zeit für das Heilen von Wunden und Krankheiten. ✦ Günstige Zeit für Entschlackungs- und Schlankheitskuren. Kohlehydrate werden nun gut verdaut, frisches Blattgemüse ist besonders wertvoll. ✤ Ideale Tage für die nasse Reinigung, die stark verschmutzte Wäsche und den großen Hausputz.

Di 14

Camillus ➧ Bäder zur Reinigung und Entschlackung werden empfohlen. ✤ Ungeziefer im Haus nun bekämpfen. ✖ Holztreppen, die nun hergestellt werden, knarren nicht. Holzfenster schließen gut und trocknen rasch nach Regengüssen. ❀ Blumen gießen ist jetzt sinnvoll, aber auch das Setzen und Ernten von Blattgemüse.

Mi 15

Bonaventura ➧ Heute sollten Sie Streß meiden, Kopfschmerzen treten häufiger auf, obwohl die Schmerzempfindlichkeit an sich bei abnehmendem Mond geringer ist. Lösende und entgiftende Massagen sind sinnvoll. ✤ Alle Reinigungsarbeiten fallen leichter und die Wirkung hält angeblich länger. Ausgiebig lüften.

Do 16

Carmen ➧ Der Körper atmet aus, gibt ab. Vermeiden Sie große Belastungen und trinken Sie viel. ✦ Obst und Fruchtgemüse zu essen, ist heute sehr sinnvoll. Eiweiß wird gut verdaut. ✤ Die Einwirkzeit für Dauerwellen ist heute geringer, auch beim Fönen oder im Solarium berücksichtigen, daß die Wärmeempfindung stärker ist.

Fr 17

Alexius ➧ Kein guter Tag für eine Gesichtsoperation. Heilkräuter, die für die Augen wirksam sind, wie etwa Augentrost nun sammeln und anwenden. ✖ Schädliches zeigt nun weniger Wirkung, daher günstig zum Malen und Lackieren. ❀ Düngen von Getreide, Gemüse und Obst ist nun günstig. Guter Erntetag für Früchte aller Art.

Sa 18

Arnold Stiertage sind besonders günstige Hochzeitstage. ➧ Maßnahmen gegen Zahnbelag sind heute günstig. Kein guter Tag für Zahn- und Kieferbehandlungen. ✤ Guter Tag zum Ansetzen eines Komposthaufens. ✖ Langstreckenflüge sind für empfindliche Menschen nun weniger anstrengend.

So 19

Bernulf ➧ Ableitende Reflexzonenmassage ist heute günstig. ✦ Frisch geerntetes Wurzelgemüse erweist sich auf dem Speiseplan als vorteilhaft (Rohkost). ✤ Heute nur kurz lüften. Schuhe imprägnieren. ❀ Wurzelgemüse kann man nachsetzen. Schädlinge, vor allem unterirdische, bekämpfen.

30. Woche

Juli

Margaretha* ➧ Rheumagefahr im Schulter- und Armbereich. ✦ Essen Sie heute frisch geerntetes Blütengemüse, Karfiol oder Brokkoli. Verwenden Sie hochwertige Fette und Öle. ✤ Fenster putzen geht nun leichter, sie bleiben auch länger rein. ❀ Rasen mähen und Schädlinge in Haus und Garten bekämpfen.

Mo 20

Daniel ➧ Übungen und Massagen zum Ableiten und Entgiften sind sehr wirkungsvoll. Reinigende Maßnahmen für Haut, Haar und Nägel. ✤ Kellerregale für Einlagerungen nun reinigen. Ausgiebig lüften, es trocknet gut. ✖ Günstiger Tag für die Verarbeitung der Milch. ❀ Hecken schneiden.

Di 21

Maria Magdalena* ➧ Schonen Sie Galle und Leber. ✦ Leichte Ernährung und wenig Alkohol sind heute angeraten. Kohlehydrate werden gut verwertet. ✤ Günstig für den Hausputz, um Verschmutztes naß zu reinigen. ✖ Guter Tag für Wasserinstallationen, kurz lüften und Zimmerpflanzen gießen.

Mi 22

Brigitta Will man schlechte Gewohnheiten ablegen und Neubeginne schaffen, ist heute ein idealer Tag dafür. ➧ Reinigende Schönheitsbäder sind wirkungsvoll ✦ Sie sollten einen Fasttag einlegen und möglichst viel klares Wasser trinken. ✤ Unkraut vernichten. ✖ Neumond im Krebs, heißt es, ist ideal, um das Binderholz für den Dachstuhl zu schlagen, das Holz bleibt fest.

Do 23

Christophorus* ➧ Meiden Sie Überanstrengungen, der Blutkreislauf ist nun aktiver. ✤ Brot backen und ausgiebig lüften. Haare schneiden, wirkt sich kräftigend auf die Haarstruktur aus. ✖ Die Milch von heute bringt bei der Verarbeitung einen höheren Buttterertrag. ❀ Heute geerntete Früchte sind haltbar. Rasen mähen.

Fr 24

Jakobus der Ältere* ➧ Der Körper nimmt verstärkt auf, Herz und Kreislauf stärkende Mittel, Kräuter und Tees wirken nun besser. ✦ Eiweiß wird besser verwertet als sonst, Vorsicht bei Allergien. ✤ Guter Tag zum Brotbacken, die Hitze wirkt heute stärker. ❀ Günstig zum Rasen ansäen.

Sa 25

Anna und Joachim* ➧ Nährende Masken und Cremen haben stärkere Wirkung in diesen Tagen. Achten Sie auf Ihre Verdauung. Ideal für die Dauerwelle, sie hält nun länger. ✤ Ein Tag zum Ordnen, Organisieren und Planen, Möbel umstellen. ❀ Blumen umtopfen und Rasen mähen.

So 26

Hemmatag
Wallfahrten und Feiern in Gurk am Grab der heiligen Hemma.

23. Juli
Beginn der Hundstage

24. Juli – Christophorus
An diesem Tag werden in vielen Gegenden Auto- und Traktorenweihen abgehalten, z. B. in Maria Wörth, Fellach bei Eisenkappel, Maria Hilf und Innerkrems.

Heinrich II., 13. Juli

Heinrich wird 955 Herzog von Bayern und später zum deutschen Kaiser gekrönt. Tiefe Frömmigkeit bewegen ihn zu reichen Stiftungen an Kirchen und Klöstern. Er nahm teil an den Reformen, die vom Kloster Cluny ausgingen. Man sagt, er habe mit seiner Frau Kunigunde in Keuschheit gelebt. Er wird auch meistens mit seiner Gattin, der heiligen Kunigunde, dargestellt. So auch am Hochaltar der ihm geweihten Kirche in Görtschach im Gailtal.

Margaretha, 20. Juli

Die heilige Margaretha ist eine der beliebtesten Heiligengestalten in Kärnten. Die schöne Frau aus Antiochia lehnte den Heiratsantrag eines heidnischen Stadtpräfekten ab. Der geschmähte Freier ließ sie verhaften und foltern. Sie wird immer mit dem Drachen dargestellt, der den Teufel symbolisiert und den sie mit dem Kreuzstab besiegt hat. Margaretha ist eine der 14 Nothelferinnen, Patronin der Jungfrauen und der Gebärenden, man betet zu ihr für eine glückliche Entbindung und gegen Unfruchtbarkeit. Nicht weniger als 23 Kirchen sind der beliebten Heiligen in Kärnten geweiht, St. Margarethen bei Klein St. Paul im Lavanttal ist eine davon. Im bäuerlichen Jahreslauf bezahlte man an diesem Tag seinen Pachtzins und begann mit dem Einbringen der Ernte.

Margaretha, Diözesanmuseum Klagenfurt

Magdalena, 22. Juli

Maria Magdalena ist bekannt als die große Büßerin und Sünderin, zu der Jesus gesagt hat, ihr seien viele Sünden vergeben, denn sie habe viel geliebt. Sie ist auch die erste, der der Auferstandene am Grab erscheint. Magdalena wird oft mit dem Salbgefäß gezeigt, zum Beispiel auf dem ältesten Glasgemälde Österreichs im Diözesanmuseum Klagenfurt. Man sieht sie aber auch des öfteren Jesus mit den Haaren die Füße trocknend oder unter dem Kreuz. Magdalena ist Patronin der Frauen, der reuigen Sünderinnen, der Verführten, der Friseure, Gärtner, Parfumfabrikanten und Weinhändler.

Christophorus, Zwickenberg

Christophorus, 24. Juli

Christophorus ist einer der volkstümlichsten Heiligen, er lebte im 3. Jahrhundert in Kleinasien. An der Außenwand der Kirchen, mit dem Jesukind auf den Schultern einen Fluß durchschreitend, so findet man ihn häufig dargestellt. Außen deshalb, weil der Anblick des Heiligen die Lebenskraft bis zum Abend bewahren sollte. Auch als Patron der Sterbenden verleiht er jenen, die in Todesnot auf ihn blicken, ewiges Seelenheil. Weil dies von den Kirchenfürsten als Aberglaube eingeschätzt wurde, hat man diese Bilder oft übermalt. Er ist der Patron der Kraftfahrer und des Verkehrs, viele Autofahrer haben aus diesem Grund eine Christophorus Medaille in ihrem Wagen. Am Christophberg, einem beliebten Ausflugsziel in der Nähe von Klagenfurt, steht eine der vielen Kärntner Kirchen, die ihm geweiht sind.

Anna, 26. Juli

Anna ist die Mutter der heiligen Maria und mit Joachim verheiratet. Anna bedeutet im Hebräischen: Gnade, Liebe, Gebet. Sie ist die Patronin der Mütter, aber auch der Bergleute. Zumeist wird sie mit Maria und dem Jesukind gemeinsam dargestellt. Lange Zeit blieb Joachim und Anna der Kinderwunsch versagt, was als Schande galt und der Hohepriester sogar Joachims Opfer zurückwies. Da erschien ihnen zu gleicher Stunde ein Engel und kündigte das ersehnte Ereignis an. Anna und Joachim trafen einander an der Goldenen Pforte beim Tempel, um dem Herrn ihren Dank darzubringen. Gemeinsam finden wir sie auf vielen Marienaltaren.

Jakobus der Ältere, 25. Juli

Der Apostel Jakobus der Ältere ist der Bruder des Apostel Johannes. Jakobus predigte in Spanien, in Jerusalem und Samaria. Dort ließ ihn König Herodes Agrippa festnehmen und enthaupten. Er ist der erste Märtyrer unter den Aposteln und Nationalheiliger Spaniens, denn seine Gebeine wurden im 7. Jahrhundert nach Santiago de Compostela gebracht. Jakobus ist der Patron aller Pilger, deshalb hält er bei seinen Darstellungen die Pilgermuschel in der Hand. Eine besonders schöne Darstellung, der Jakobusaltar aus Tiffen, ist im Landesmuseum zu bewundern, 32 Kirchen sind dem volkstümlichen und beliebten Heiligen in Kärnten geweiht.

Juli kühl und naß, leere Scheune, leeres Faß.

Zu St. Ann' (26.) gehen die kühlen Morgen an.
Werfen die Ameisen am Annatag höher auf,
so folgt ein strenger Winter drauf.

Juli/August 31. Woche

Mo **27**

Berthold ✦ Bevorzugen Sie mineralstoffreiche Nahrung, Salze werden gut aufgenommen, auch Therapien mit den Schüssler-Salzen wirken nun gut. Das Haar 1 mm gekürzt, wächst schnell nach und stärkt es. ❀ Stecklinge setzen, guter Tag für Erdarbeiten.

Di **28**

Viktor ➧ Darmoperationen verschieben. Alles Aufbauende für den Stoffwechsel und die Nerven spricht gut an. ✦ Auf schwere Speisen lieber verzichten. ✤ Das Kälteempfinden ist nun etwas stärker. ❀ Guter Tag für alle Setz- und Säarbeiten, z. B. Rasen säen, und zum Pflanzen von Sträuchern und Hecken.

Mi **29**

Martha* ➧ Operationen um ein paar Tage verschieben. Die Augen sind nun lichtempfindlicher als üblich. ✦ Trinken Sie Ihren Nieren zuliebe viel Flüssigkeit, vor allem klares Wasser. ✤ Zum Backen und für die Milchverarbeitung ideal. ❀ Guter Tag zum Blumenpflücken, sie halten länger.

Do **30**

Ingeborg ➧ Der Körper nimmt auf, Nieren- und Blasentees sind nun wirkungsvoller. Alles Schädliche wirkt allerdings auch stärker ✦ Öle und Fette werden gut aufgenommen, verwenden Sie hochwertige Produkte. ❀ Guter Tag zum Blumensäen und -pflanzen.

Fr **31**

Ignatius von Loyola* ✦ Jetzt geerntetes Gemüse ist äußerst bekömmlich, sollte aber rasch verbraucht werden. Frischer Salat sollte in den folgenden Tagen nicht fehlen. ✤ Guter Termin für Wasserinstallationen. ❀ Blumen düngen und gießen, Schnecken bekämpfen.

Sa **1**

Alfons ➧ Besondere Schonung in der Schwangerschaft. Bei Frauenleiden entspannen Sitzbäder. ✦ Kohlehydrate werden gut aufgenommen, Vorsicht bei Allergien. ✖ Ungünstiger Schlägerungstermin – Borkenkäfergefahr! Ausnahme: das Holz, das schmiegsam und elastisch sein soll, etwa für Werkzeuge oder Böden, kann nun geschlagen werden. ❀ Heilkräuter sammeln.

So **2**

Stephan I., Papst* ➧ Alles Kräftigende und Aufbauende wirkt schneller und besser. ✤ Optimale Erntezeit für Blattgemüse. Betten bei Rheumaanfälligkeit nicht im Freien lüften, überhaupt heute nur kurz lüften. Holzböden trocken reinigen. ❀ Blumen und Zimmerpflanzen gießen.

August

Lydia ❥ Aufbauende und kräftigende Gymnastik ist ratsam. Schonen Sie jedoch Oberschenkel und Hüfte. ✦ Eiweiß wird heute und morgen gut aufgenommen, das Fettwachstum angeregt. ✤ Ausgiebig lüften. ✖ Die Milch bringt heute mehr Butterertrag. ❀ Günstig für die Obsternte, allerdings nur zum raschen Verzehr. Haltbarer ist bei abnehmendem Mond geerntetes Obst.	Mo 3	
Rainer ❥ Der Körper atmet ein und nimmt auf. Alles Kräftigende ist wirkungsvoller, aber ebenso ist alles Schädliche folgenschwerer. Rheumasalben wirken lindernd bei Hüfterkrankungen. ❀ Guter Termin für die Rosenpflege. Im Garten kann man schneiden, was schnell nachwachsen soll.	Di 4	
Oswald* ❥ Nährende und straffende Kuren für die Haut sind sinnvoll. Schonen Sie Ihre Knie, vor allem bei Meniskusschwäche. Einreibungen und Umschläge wirken gut. ✤ Das Gebäck ist haltbarer. Kurz lüften.	Mi 5	
Verklärung Christi ✦ Mineralstoffreiche Nahrung ist zu empfehlen, denn Salze werden gut verwertet. Frisch geerntetes Wurzelgemüse ist für die Küche heute ideal. ✤ Ungünstig zum Einkochen und für die chemische Reinigung. ✖ Guter Termin für Erdarbeiten, zum Holzspalten und um den Komposthaufen festzustampfen.	Do 6	
Kajetan ❥ Schonen Sie Unterschenkel und Venen, Venensalben wirken sehr günstig. ✦ Fette und Öle werden gut aufgenommen. ✤ Guter Termin, um Babys vom Stillen zu entwöhnen. Günstig auch für Übersiedelungen. Wenig geeignet für die Gartenarbeit. Für Quellen suchen oder Honig ernten ist die Zeit nun ideal.	Fr 7	
Dominikus* Höchste Entfaltung der lunaren Kräfte, der Säftestand ist nun am höchsten. ❥ Geburten sind häufiger als üblich, guter Termin zum Abstillen. Die Sauerstoffaufnahme ist besonders wichtig. Alle pflegenden Maßnahmen wirken günstig. ✤ Gut zum Ölpressen, Entsaften und Einfrieren. ✖ Heute gemähtes Heu ist sehr kräftig.	Sa 8	
Edith ❥ Operationen im Bereich der Venen, Unterschenkel und Knöchel um einige Tage verschieben. Reinigung von Haut und Haar und die Pflege der Nägel sind sinnvoll. ✦ Entschlackungs- und Schlankheitskuren beginnen. ✤ Böden feucht wischen. Fenster putzen. ❀ Verblühtes entfernen.	So 9	

Martha, Magdalensberg

Martha, 29. Juli

Die heilige Martha ist die Schwester des heiligen Lazarus und der Maria Magdalena. Weil die tüchtige und fleißige Frau auch des öfteren Jesus gastfreundlich aufgenommen hat, wird sie auch „Gastwirtin des Herrn" genannt. So wurde sie zur Schutzpatronin der Hoteliers, aber auch der Arbeiterinnen und Hausfrauen, der Wäscherinnen und Köchinnen. Martha wird auch oft gemeinsam mit ihrer Schwester oder, wie in der Kirche am Magdalensberg, gemeinsam mit ihrem Bruder verehrt.

1. August
Eine alte Bauernregel besagt, daß zur Vernichtung eines Wurzelstockes am 1. August ein Loch bis zum Kern gebohrt werden soll, der Wurzelstock dörrt danach sicher ab.

5. August – Oswald
Tag der Bürger- und Schützengarden.

Ignatius, 31. Juli

Der heilige Ignatius ist der Begründer des Jesuitenordens. Er wurde 1491 auf Schloß Loyola in Spanien geboren. Im Militärdienst wurde er verwundet, während seiner Genesung las er verschiedene Heiligengeschichten, die ihn so sehr faszinierten, daß er ins Kloster ging, seine Sünden beichtete und fortan ein asketisches Leben führte. Nach einer Pilgerfahrt ins Heilige Land studierte er in Barcelona, Salamanca und Paris, wo er auch seine „Gesellschaft Jesu" begründete. Er ist Patron der Exerzitienhäuser, Kinder und Krieger, er wird angerufen bei Fieber, Gewissensbissen, Seelenqual und gegen Zauberei.

Stephan, Papst, 2. August

Der heilige Stephan, der im 3. Jahrhundert Papst war, wird heute gefeiert. Die Legende berichtet, daß er unermüdlich Heiden bekehrte und Märtyrer bestattet hat. Kaiser Valerian läßt ihn daraufhin festnehmen und zum Marstempel führen, wo er opfern soll. Als Stephan seine Gebete erhebt, fallen Stücke des Tempels herunter, worauf die Menschen die Flucht ergreifen. Er selbst entkommt und sucht die Begräbnisstätte der heiligen Lucia auf. Dort finden ihn Häscher des Kaisers und enthaupten ihn. In der Kirche St. Stefan bei Köstendorf, hoch über dem Gailtal gelegen, wird der heilige Stephan verehrt.

Oswald, 5. August

Der heilige Oswald müßte seinen Legenden nach eigentlich ins Buch der Rekorde. Drei Tage lang kämpfte er Mann gegen Mann mit einem Heidenkönig, dessen Tochter er als Frau begehrte. Vierzehn Tage feierte er dann mit dieser Frau Hochzeit, achtzehn Tage lang taufte er höchstpersönlich alle Untertanen des Landes. Vor allem durch eine Brautwerbungssage ist der heilige Oswald berühmt geworden. Ein Rabe spielte

Oswald, Maria Elend

Dominikus, Kappel im Rosental

hierbei mit dem Ring den Postillon d'amour. Mit einem Raben auf der Hand sieht man ihn auch auf den meisten Darstellungen, so wie auf dem Hochzeitsaltar der Wallfahrtskirche Oswaldiberg. Dort ist er gewissermaßen Heiratspatron. Mädchen, die an der Wunschglocke läuten, sollen damit den Auserwählten heiratswillig stimmen können. Oswald ist aber auch der Patron der Schnitter und des Viehs und gehört zu den „Wetterherren". Nach dem Wind an seinem Namenstag richten sich Wetter und Ertrag der Ernte.

Dominikus, 8. August

Der heilige Dominikus wurde 1170 in Spanien geboren und gründete in Toulouse den Dominikanerorden, neben den Franziskanern der mächtigste Orden des Mittelalters. Dominikus gilt als Schutzheiliger gegen Fieber, weil er selbst daran litt. Dargestellt wird er zumeist im Ordensgewand, seine Attribute sind das Kreuz, die Lilie – als Sinnbild der Keuschheit – und das Buch als Symbol für die Ordensregeln. Daß er sich für das Rosenkranzgebet einsetzte, wurde ebenfalls häufig dokumentiert, oft zeigt man ihn auch neben seiner berühmten Ordensschwester Katharina von Siena. In Friesach ist seit Jahrhunderten das Zentrum der Dominikaner in Kärnten.

Hitze an Dominikus (8.), ein starker Winter kommen muß.

August

33. Woche

Mo 10

Laurentius* ➧ Ableitende Fußreflexzonenmassage wirkt gut, Fußbäder sind sehr wohltuend. Operationen an den Füßen sollten verschoben werden. ✤ Alle Reinigungsarbeiten sind nun leichter zu bewerkstelligen, der Effekt hält länger ❀ Rasen mähen, Blumen düngen, Zimmerpflanzen gießen.

Di 11

Klara ➧ Bäder zur Reinigung und Entschlackung sind empfehlenswert. Warzen, vor allem an den Füßen, lassen sich nun gut behandeln. ✤ Guter Tag, um die Wäsche zu waschen. Schlecht für die Haarpflege oder die Verarbeitung der Milch. ✖ Guter Tag für Verkaufsgespräche und Korrespondenz. ❀ Blumen gießen.

Mi 12

Hilaria ➧ Gut für die Zahnpflege. Verschieben Sie Gesichtsoperationen oder das Entfernen von Nasenpolypen. ✦ Beginnen Sie mit einer Fastenkur, die Zeit ist nun ideal. ✖ Guter Tag zum Düngen von Getreide, Gemüse und Obst, für die Milchverarbeitung und für die Obstverwertung.

Do 13

Radegund* ➧ Der Körper atmet aus und gibt nun leichter ab, lösende Massagen sind daher günstig. Guter Tag zum Haare färben, die Farbe wird gut angenommen. Setzen Sie sich nicht zu lange der Sonne aus, Ihre Haut ist heute empfindlicher. ✤ Ausgiebig lüften. ❀ Früchte ernten und Marmelade einkochen ist eine gute Idee.

Fr 14

Maximilian ➧ Operationen – mit Ausnahme von Hals, Kiefer, Zähnen, Ohren und Mandeln – sind nun sehr günstig. Das Kälteempfinden ist wieder etwas stärker, schonen Sie Hals und Stimmbänder. ✦ Frisch geerntetes Wurzelgemüse sollte auf dem Menüplan stehen. ❀ Guter Tag zum Ansetzen eines Mist- oder Komposthaufens. Alle Erdarbeiten sind günstig.

Sa 15

Maria Himmelfahrt ➧ Alles Reinigende ist nun sinnvoll. Warzen und Hühneraugen entfernen. Schädliches zeigt weniger Wirkung. ✤ Günstig für alle Malerarbeiten. Heute nur kurz lüften. ❀ Im Garten jäten, schneiden und säubern. Gut zum Bekämpfen von unterirdischen Schädlingen.

So 16

Rochus* ➧ Alles Reinigende ist auch für den Körper günstig, vor allem im Bereich der Bronchien, Schultern und Arme. Depressive Menschen sollten viel Licht tanken. ✤ Idealer Tag zum Übersiedeln, zum Fensterputzen und Böden feucht aufwischen.

Elias ➧ Rheumagefahr im Schulter- und Armbereich. Operationen in diesen Zonen sollten um einige Tage verschoben werden. Sauna und Bäder, aber auch sportliche Betätigung, bei der man ins Schwitzen kommt, sind ideal. ❀ Blütenpflanzen heute düngen und Rankengewächse setzen. Guter Termin zum Bekämpfen oberirdischer Schädlinge.

Mo 17

Helena* ➧ Günstiger Operationstag mit Ausnahme von Leber, Galle, Magen und Bauchspeicheldrüse. ✦ Leichte Ernährung ist ratsam, vor allem frisches Blattgemüse und Kohlehydrate. ✤ Heute stark verschmutzte Wäsche waschen! ❀ Salat ernten und Blumen gießen.

Di 18

Sebald ➧ Ableitende Massagen werden empfohlen. ✦ Gute Zeit für Entschlackungskuren, der Körper gibt nun ab. ✤ Guter Tag zum Legen von Brunnenleitungen, für Wasserinstallationen und für die Wäsche. ❀ Im Garten Salat ernten, Blumen und Blattpflanzen düngen und gießen. Rasen mähen, er wächst langsamer nach.

Mi 19

Bernhard von Clairvaux* ➧ Achten Sie auf Herz und Kreislauf, Vorsicht bei großer Belastung. Die Wärmeempfindlichkeit ist größer in diesen Tagen. Guter Termin für den Haarschnitt und die Haarpflege. ✤ Die Milch bringt nun mehr Butterertrag. Ausgiebig lüften.

Do 20

Pius ➧ Alle reinigenden Maßnahmen für Haut, Haare und Nägel sind nun effektiver. Günstig auch Schuppenbekämpfung und Haarpflege. ✦ Auf dem Speiseplan sollten Fruchtgemüse und Obst stehen. ❀ Optimaler Zeitpunkt, um kränkelnde Obstbäume zurückzustutzen. Gut zum Rasen mähen und Früchte ernten, sie sind nun lagerfähig.

Fr 21

Siegfried ➧ Die Entgiftungsbereitschaft des Körpers ist nun am größten. Auch ein Tag, um sich von seelischen Belastungen zu lösen und Neubeginne zu setzen ✦ Einen Fasttag einlegen. ❀ Platz schaffen für Neues. Gejätetes Unkraut wächst nicht so schnell nach. Kein guter Termin zum Heilkräuter sammeln, wohl aber heilende Wurzeln, die Kraft ist in ihnen nun am größten.

Sa 22

Rosa von Lima ➧ Nährmasken und Heilsalben entfalten nun wieder besser ihre Wirkung. Idealer Tag für die Dauerwelle. ✦ Schonen Sie Ihr Verdauungssystem und verzichten Sie auf schwere Speisen. ✤ Möbel umstellen und Innenausstattung planen ❀ Günstiger Tag für Erdarbeiten und die Kompostpflege.

So 23

10. August – Lorenzi
Der Lorenzitag ist einer der drei großen Lostage für das Herbstwetter. „Lorenzitag schön, kann der Knecht Wein trinken, ist das Wetter schlecht, muß er Handschuhe flicken" (Dann wird der Herbst kalt und naß werden) Igidius war früher für die Landwirte ein Anhaltspunkt für den Roggenanbau. Der Winterroggen wurde nämlich meist in der zweiten Augusthälfte oder im September angebaut.

15. August – Maria Himmelfahrt
Auf dem Wörthersee steht die Nacht des 15. August ganz im Zeichen des Schiffsumzuges, an vier Anlegestellen werden Ansprachen gehalten und der Segen erteilt. Der Diözesanbischof erneuert die Weihe Kärntens an die Mutter Gottes. In Maria Luggau beteiligen sich die Besucher des Hochamtes in den traditionellen Trachten des Ortes an der anschließenden Prozession mit dem Allerheiligsten und dem Gnadenbild. Ein beliebter Brauch zu diesem Tag ist auch die sogenannte Kräuterweihe, die im 10. Jahrhundert in Deutschland entstanden ist. Weit verbreitet ist die Vorstellung, daß die Kräuter im Frauendreißiger, zwischen dem großen Frauentag, dem 15. August, und dem kleinen am 8. September, besonders wirksam für und gegen alles seien. Die Heilkräfte sind dreifach gesteigert.

23. August
Ende der Hundstage

Laurentius, 10. August

Laurentius heißt soviel wie „der mit Lorbeer Geschmückte". Der Heilige ist Patron der Armen, der Bibliothekare – weil er die Kirchenbücher in Verwahrung hatte – und für alle Berufe, die mit Feuer zu tun haben, wie Kohlenbrenner, Köche und Kuchenbäcker. Er wird angerufen bei Brandwunden, Feuer und Fieber. Laurentius wurde von Kaiser Valerian grausam gefoltert und auf einem Rost über dem Feuer zu Tode gepeinigt. Darstellungen zeigen ihn immer mit diesem Martergerät. Er ist ein sehr beliebter Heiliger, an die 100 Darstellungen finden wir in Kärntner Kirchen, deren mehr als 20 ihm geweiht sind.

Radegund, 13. August

Die heilige Radegund lebte im 6. Jahrhundert, sie war die Tochter eines thüringischen Königs, der sie zur Ehe mit dem fränkischen König zwang. Radegund führte allerdings ein Leben, das eher dem einer Nonne als einer weltlichen Fürstin glich. Später entfloh sie der unglücklichen Ehe und gründete ein Kloster. Hier verbrachte sie ihre letzten 30 Lebensjahre mit Gebet und in Ausübung praktischer Nächstenliebe. Sie ist Patronin der Töpfer und Weber. Sie wird angerufen bei Geschwüren und Aussatz. Dargestellt wird sie als Königin oder Nonne, mit abgelegter Krone, wie in St. Radegund bei Ruden, einer der vier Kärntner Kirchen, die ihr geweiht sind.

Rochus, 16. August

Er lebte im 13. Jahrhundert, schenkte nach dem Tod seiner Eltern sein Vermögen den Armen und pilgerte nach Rom. Dort nimmt er sich der Pestkranken an, erkrankt schließlich selbst und wird von einem Engel, in einer Hütte im Wald, gesund gepflegt. Zurückgekehrt in seine Heimat, hält man ihn für einen Spion und nimmt ihn gefangen. Dort stirbt er. Er wird gegen die Pest und andere Seuchen angerufen. Spitäler für Pestkranke werden nach ihm benannt. Seine Attribute sind der Hund und eine Pestbeule am Bein.

Helena, Möllbrücke

Bernhardkapelle, Viktring

Helena, 18. August

Helena war die Mutter von Kaiser Konstantin dem Großen, Erbauerin vieler Kirchen und wird bei uns unter anderem am Magdalensberg besonders verehrt. Ihr schreibt die Legende auch die Auffindung des Heiligen Kreuzes in Jerusalem zu. Helena ist die Patronin der Färber und Nagelschmiede, sie beschützt vor Blitz und Feuersgefahr und hilft bei der Aufklärung von Diebstählen.

Bernhard von Clairvaux, 20. August

Der heilige Bernhard wird von seinen Eltern sehr fromm erzogen und tritt schließlich nach einem Traum seiner Mutter, der ihr eine große Predigerzukunft für ihren Sohn voraussagt, ins Kloster ein. Der Abt schickt ihn später nach Clairvaux, dort wird er zum Begründer des Zisterzienserordens. Ein Orden, der neben der geistigen Arbeit auch das mühevolle körperliche Schaffen für das Gemeinwohl zur Aufgabe hat. Als Ratgeber, Gelehrter und Glaubensstreiter war Bernhard war schon zu Lebzeiten berühmt. Die Fresken der Bernhardkapelle in Viktring wurden erst in jüngster Zeit freigelegt.

Mo 24

Bartholomäus* ✦ Bevorzugen Sie mineralstoffreiche Nahrung, Salze werden gut verwertet, so auch die Schüssler-Salze gegen Mängel und zum Aufbau. ✖ Gut, um Jungtiere zu entwöhnen. ❀ Guter Termin zum Umsetzen und Umtopfen, zum Rasen ansäen.

Di 25

Ludwig ❥ Beugen Sie Nieren- und Blasenentzündungen vor, indem Sie viel trinken. Alles Aufbauende und Kräftigende für diese Organe wirkt nun besonders gut. ✦ Frisches Blütengemüse sowie Fette und Öle werden nun gut verwertet. ✣ Gebackenes wird lockerer. ✖ Gut für die Verarbeitung der Milch zu Butter, Käse und Joghurt.

Mi 26

Gregor ❥ Operationen an Hüfte, Niere oder Blase sollten Sie verschieben. Viel trinken, am besten klares Wasser. Nährmasken, Heilsalben und Arzneien wirken besser als üblich. ✣ Ausgiebig lüften. ✖ Heute gepreßte Ölfrüchte sind ergiebiger. ❀ Blumen, die heute gepflückt werden, duften gut und halten länger.

Do 27

Monika ✦ Gute Zeit für alle Aufbaudiäten und alles Zuführende, der Körper atmet ein. ✣ Ausgiebig lüften, backen und Butter rühren. ✖ Günstiger Kräutersammeltag. Guter Übersiedelungstag für Mensch und Tier. ❀ Blumen versorgen, säen oder setzen.

Fr 28

Augustin* ❥ Kürbiskerne vorbeugend gegen Prostatabeschwerden kauen. Bei Menstruationsschmerzen helfen Tees oder Sitzbäder. ✦ Kohlehydrate werden gut aufgenommen, frische Salate sind heute besonders wertvoll. ❀ Schnecken bekämpfen und Zimmerpflanzen gießen.

Sa 29

Gabriela ❥ Heilkräuter sammeln, vor allem jene gegen Menstruationsschmerzen. Schwangere sollten sich besonders schonen. Nährbäder und Feuchtigkeitspackungen haben größere Wirkung. ✣ Holzböden nur kehren, alles nimmt mehr Feuchtigkeit auf. ✖ Wasserinstallationen sind günstig terminisiert. ❀ Blumen gießen.

So 30

Amadeus ❥ Oberschenkel und Venen nicht zu sehr strapazieren, Venensalben wirken nun besonders gut. Das Wärmeempfinden ist größer, die Dauerwelle braucht geringere Einwirkzeit. ✦ Eiweiß wird sehr gut verwertet, Vorsicht bei Allergien. ✣ Brot backen, gut lüften. ✖ Milch verarbeiten. ❀ Geerntete Früchte schmecken besonders gut, sind allerdings nicht sehr haltbar.

August/September

Raimund ➧ Alle aufbauenden Therapien und Arzneien wirken nun besonders gut. Der Körper atmet ein, stärkende Massagen sind sinnvoll. ✦ Das Fettwachstum wird angeregt, Vorsicht bei Gewichtsproblemen. Sie sollten Obst essen und hochwertiges Eiweiß. ✣ Guter Tag für die Wintersaat. ✖ Jungtiere kann man nun gut entwöhnen.

Mo 31

Ägidius* ➧ Operationen im Oberschenkel- und Hüftbereich verschieben. Muskelkrämpfe können vermehrt auftreten. Die Erkältungsgefahr ist nun größer. ✣ Alle Arbeiten, die das Fruchtgemüse, Obst oder Getreide betreffen, sind gut terminisiert. ✖ Beim Hausbau jetzt das Dach aufziehen, keine Aushubarbeiten.

Di 1

Ingrid ➧ Meniskusoperationen verschieben. Die Kniegelenke schonen, Einreibungen wirken heute und morgen sehr gut. ✣ Guter Übersiedlungstag, auch geeignet für alle Erdarbeiten und um das Holz zu spalten.

Mi 2

Gregor* ➧ Gut für Arzneien gegen Hauterkrankungen. ✦ Mineralstoffreiche Nahrung ist heute das Richtige, Salze werden gut aufgenommen. Wurzelgemüse empfiehlt sich besonders, es ist schmackhaft, aber bedingt lagerfähig. ✣ Kurz lüften. ✖ Jungtiere entwöhnen. Guter Tag für die Fellpflege.

Do 3

Rosalia* ➧ Bäder und Einreibungen gegen Beschwerden der Venen, der Unterschenkel und der Knöchel sind sehr wirksam. Operationen an diesen Stellen verschieben. Die Sauerstoffaufnahme ist heute besonders wichtig. ✦ Öle und Fette werden gut aufgenommen, Vorsicht bei Übergewicht! ✣ Guter Tag zum Backen und Butter rühren. ✖ Optimaler Übersiedlungstag.

Fr 4

Roswitha Kraft, Licht und Magnetismus, aber auch das Selbstbewußtsein nehmen zu. ➧ Vermeiden Sie langes Stehen bei Problemen mit den Krampfadern. Gesichtsmasken und Cremen wirken besser als üblich. ✖ Guter Tag für gesellige Veranstaltungen und Ausflüge. ❀ Gute Erntezeit für Heilkräuter, vor allem jene, die Venen, Blutkreislauf und Nerven stärken.

Sa 5

Magnus ➧ Heute die Füße schonen, gönnen Sie sich ein Fußbad, es entspannt. Auch die Fußreflexzonenmassage ist nun günstig. Operationen sollten Sie verschieben. ✦ Heute nicht zu üppig speisen, ein Fasttag ohne Alkohol wäre ideal. ✣ Gut zum Kräuter sammeln, zum Einkochen und Konservieren. ✖ Guter Tag für gesellige Veranstaltungen und Ausflüge.

So 6

Das häufige Auftreten von Wespen im Spätsommer oder Frühherbst ist für die Bauern ein gutes Zeichen gewesen. „Viel Wesp'n – viel Brot, viel Hummeln – viel Not".

24. August – Bartholomäus
Üblicher Tag für den Almabtrieb. Dieser Tag war ein Zins-, Schlacht- und Markttermin.
„Wissen, wo der Bartl den Most holt", ist nach dem Lexikon der sprichwörtlichen Redensarten eine Umschreibung für „sich zu helfen wissen" und „alle Schliche kennen".

Bartholomäus, Tessendorf

Bartholomäus, 24. August

Der Apostel gehört zu den erstberufenen Jüngern Jesu. Die Legende berichtet von seinem Wirken in Kleinasien, Mesopotamien und Indien. Er heilt Kranke und Besessene, in seiner Nähe stürzen Götzenbilder zu Boden. In Armenien heilt er die besessene Tochter des Königs Polimius, der sich daraufhin bekehren läßt. Astyages, sein ihm feindlich gesinnter Bruder, läßt ihn jedoch gefangennehmen und foltern, dabei soll ihm von seinen Peinigern die Haut abgezogen worden sein. Ein Messer in der Hand oder die abgezogene Haut, das sind auch die Attribute, an denen man den heiligen Bartholomäus erkennen kann. Er ist der Patron der Buchbinder, Gerber, Fellhändler, Lederarbeiter, Handschuh- und Schuhmacher, Schneider, Metzger und Weinhändler. Er wird angerufen gegen Zuckungen und Nervenkrankheiten.

Augustin, 28. August

Augustinus ist einer der vier großen Kirchenväter. Er war afrikanischer Römer, studierte in Karthago die „Freien Künste" und schilderte in seinen „Bekenntnissen", wie er das Leben mit allen Sinnen liebte und genoß. Tiefe Erschütterung und Bekehrung erlebt er durch die Predigten des heiligen Ambrosius. Von ihm läßt er sich taufen und wird Priester, später Bischof von Hippo. Bekannt ist die Legende, die von der Begegnung mit einem Knaben erzählt, der mit einem Löffel Wasser aus dem Meer schöpfte und zu ihm sagte: „Du willst die Unergründlichkeit Gottes mit deinen Gedanken ausschöpfen, ich versuche das Meer auszuschöpfen". Mit diesem Kind wird er oft dargestellt, man sieht ihn aber auch mit pfeildurchbohrtem Herzen, entsprechend einer Stelle aus seinen Bekenntnissen, wo er schreibt: „Wie Pfeile, die im Herzen haften, tragen wir deine Worte in uns". Augustinus ist der Patron der Theologen, Bierbrauer und Buchdrucker und beschützt vor Augenleiden. Die Filialkirche St. Lambrecht bei Rosegg ist ihm geweiht.

Ägidius, 1. September

Ägidius lebte im 8. Jahrhundert als Einsiedler in der Provence, ernährte sich nur von Kräutern und der Milch einer Hirschkuh. Eines Tages jagte der Westgotenkönig Wamba eben diese Hirschkuh, und der ihr geltende Pfeil traf Ägidius. Als Wiedergutmachung wird das Kloster St. Gilles gegründet, das im Mittelalter zu einem der wichtigsten Wallfahrtsorte Europas wurde. Dargestellt wird er mit einem Pfeil im Arm oder Bein und der Hirschkuh. Er gehört zu den 14 Nothelfern, seine Fürbitte wird angerufen bei Dürre, Sturm, Feuer, Irrsinn, Unglück, für eine gute Beichte und von stillenden Müttern. Wegen seiner guten Beziehung zu den Tieren wurde er zum Patron der Hirten und des Viehs, aber auch der Bettler. Er gehört zu den volkstümlichsten Heiligen, worauf die vielen Patronate hinweisen, wie St. Ägiden oder St. Gilgen. Ägidius ist Schutzpatron von Klagenfurt.

Gregor der Große, 3. September

Er zählt zu den vier lateinischen Kirchenvätern. Als Sohn einer römischen Senatorenfamilie übt er das Amt eines Richters in Rom aus. Nach dem Tod seines Vaters verschenkt er seinen Besitz an die Armen, gründet mit dem restlichen Geld sechs Klöster und wird Mönch. 579 wird er zum Papst gewählt. Er setzte sich für die Christianisierung der germanischen Völker ein, förderte die kirchliche Kunst und regelte die Liturgie. Dargestellt wird er meist zusammen mit den Kirchenvätern Ambrosius, Augustinus und Hieronymus, mit Tiara und Taube auf der Schulter, weil ihn der Heilige Geist beim Schreiben inspiriert haben soll. Er ist Patron der Gelehrten und Lehrer, der Musiker und Sänger, der Schüler und Studenten. Angerufen wird er bei Gichtleiden. In Maria Wörth steht seine Statuette, man findet ihn auch auf einem Fresko in der Filialkirche in Unterferlach, die ihm auch geweiht ist.

Rosalia, Rosaliengrotte am Hemmaberg

Rosalia, 4. September

Als Tochter eines hohen Adeligen entsagt sie dem glänzenden Hofleben und lebt in einer einsamen Grotte über Palermo ein Einsiedlerleben auf dem Monte Pellegrino, wo sie heute besonders verehrt wird. Ihre Gebeine wurden erst 400 Jahre nach ihrem Tod, im Pestjahr 1624 gefunden, weshalb sie oft auf Pestsäulen zu finden ist – zum Beispiel in Althofen oder in Bleiburg. Auf den Abbildungen ist sie mit einem Kranz Rosen auf dem Kopf, in den Händen ein Kruzifix und einem Totenkopf zu sehen. Am Hemmaberg befindet sich die Rosaliengrotte. Nach der Legende soll hier ein junges Mädchen vor den Zudringlichkeiten eines Mannes in die Tiefe gesprungen und von der heiligen Rosalia gerettet worden sein. Die Quelle, die hier entspringt, soll bei Augenleiden helfen.

Wenn Ägidius (1.) bläst ins Horn, heißt es: Bauer, sä' dein Korn!

September

37. Woche

Mo 7

Regina ➧ Reinigung und Entschlackung ist das Thema der kommenden Tage, der Körper gibt nun leichter ab. ✦ Frisch geerntetes Blattgemüse und Salate empfiehlt die Monddiät ✤ Guter Zeitpunkt für den Hausputz, zum Reinigen und Waschen. ❀ Nur kurz lüften und Blumen gießen.

Di 8

Hadrian – Mariä Geburt, kleiner Frauentag ➧ Meiden Sie Streß, Ihr Kopf reagiert sonst eventuell mit Kopfschmerz. ✦ Abmagerungskuren jetzt beginnen. Lösende und entgiftende Maßnahmen sollten dabei unterstützen. ✖ Ideal zum Malen, Kleben und Lackieren. ❀ Guter Erntetag für Früchte, Fruchtgemüse und Getreide.

Mi 9

Gorgonius ➧ Kein guter Operationstag für Gesichtskorrekturen oder Nasenpolypen. Das Wärmeempfinden ist nun stärker, die Dauerwelle braucht weniger Einwirkzeit. ✦ Obst und Fruchtgemüse sollten am Speiseplan stehen. ✤ Guter Tag zum Putzen und Staubwischen. Ausgiebig lüften, neue Feuerungsanlagen anheizen.

Do 10

Diethard ➧ Kieferoperationen oder Eingriffe am Hals sollten Sie verschieben. Maßnahmen gegen Zahnbelag sind nun sinnvoll. ✤ Heute nur kurz lüften. ✖ Ein guter Tag für Erdarbeiten, um etwa den Keller auszuheben. ❀ Kartoffeln und Wurzelgemüse heute ernten, es ist lagerfähig.

Fr 11

Felix und Regula ➧ Schonen Sie Hals und Stimmbänder. Entgiftende Maßnahmen wirken nun gut. ✦ Entschlackungskuren liegen vom Zeitpunkt nun günstig. ❀ Mist- und Komposthaufen ansetzen. Gute Tag für die Bekämpfung unterirdischer Schädlinge. Kartoffeln ernten. Schneiden, was langsam nachwachsen soll.

Sa 12

Fest Mariä Namen ➧ Schulter, Arme, Hände und Finger dürfen Sie heute nicht überstrapazieren, die Rheumagefahr ist nun größer. ✤ Ausgiebig lüften. ❀ Erster guter Termin, um Blumen einzuwintern, Verblühtes entfernen. Der Rasen wächst nicht so schnell nach, wenn man heute mäht. Insekten und Schädlinge bekämpfen.

So 13

Notburga* ➧ Der Körper gibt ab und Schlackenstoffe lösen sich nun leichter. Haare schneiden, wenn schneller Wuchs gewünscht ist. ✦ Ideal für Fastenkuren, am Speiseplan sollten Blütengemüse und hochwertige Öle stehen. ✤ Gut für die Milchverarbeitung und zum Einkochen und Dörren. Ausgiebig lüften.

September

Kornelius – Kreuzerhöhung ➧ Licht, Kraft und Magnetismus nehmen ab, auch der Körper gibt ab. Schonen Sie in den kommenden Tagen Leber und Galle. Operationen im Bereich Magen, Leber und Galle sollten Sie verschieben. ✤ Kurz lüften. ✖ Guter Termin zum Streichen und Lackieren. ❀ Zimmerpflanzen gießen.

Mo 14

Ludmilla ✦ Entschlackungs- und Schlankheitskuren sind nun sinnvoll. Die Monddiät empfiehlt für heute Kohlehydrate und frisch geerntetes Blattgemüse. ✤ Idealer Waschtag, vor allem für die stark verschmutzte Wäsche, aber auch für alle übrigen Reinigungsarbeiten.

Di 15

Euphemia ➧ Lösende und entgiftende Massagen sind empfehlenswert. Warzen und Hühneraugen jetzt entfernen. Haare waschen. ✦ Meiden Sie heute Alkohol und bevorzugen Sie eine leichte Kost. ✤ Kurz lüften. ❀ Zimmerpflanzen gießen. Guter Termin für den Rasenschnitt.

Mi 16

Hildegard von Bingen ➧ Gute Operationstage mit Ausnahme von Eingriffen am Herzen. Guter Termin für die Haarpflege und den Haarschnitt. ✦ Für ein paar Fasttage wäre noch eine günstige Gelegenheit, denn mit Neumond sollten Fastenkuren abgeschlossen werden. ✤ Ausgiebig lüften. ❀ Obst ernten und trocknen.

Do 17

Lambert* ✤ Betten und Matratzen kann man nun auslüften. ✖ Neue Kamine und Feuerungsanlagen anheizen. Neubauten lüften, sie trocknen gut. Ideal für die Milchverarbeitung, schlecht für Streich- und Verputzarbeiten, außer bei feuchtem Wetter. ❀ Guter Erntetermin und zum Samen nehmen.

Fr 18

Januarius* ➧ Lösende und ableitende Massagen sind zu empfehlen. Die Dauerwelle von heute oder morgen hält lange. ✦ Schonen Sie Ihre Verdauung und verzichten Sie auf schwere Speisen. ✖ Gute Tage zum Pfähle einschlagen, Laufplatten verlegen, Zäune setzen, ideal für alle Erd- und Pflegearbeiten im Garten sowie Reinigungsarbeiten.

Sa 19

Eustachius* Ein guter Termin, um sich aus Bindungen zu lösen, aber auch, um sich von einer Sucht (Zigaretten, Alkohol) zu trennen. ➧ Kein günstiger Operationstag. ✦ Ein guter Fasttag im Mondkalender, denn die Entgiftungsbereitschaft des Körpers ist nun am größten. Leichte Küche und viel trinken, heißt das Motto für heute.

So 20

8. September – Maria Geburt, kleiner Frauentag
Ebenfalls ein Tag des Almabtriebs.
„Zu Maria Geburt fliegen die Schwalben furt"
Wenn im Herbst viele Hochzeiten waren – so glaubte man früher – ist ein kalter Winter vorauszusehen.
„Eine gute Bäuerin haltet drei Ecken am Hof, nur eine Ecke der Bauer."

13. September – Notburga
Die Heilige des Feierabends und der Abendruhe.

14. September – Fest der Kreuzerhöhung
Das älteste Kreuzfest erinnert an die Weihe der Kreuzkirche, die Kaiser Konstantin 335 am mutmaßlichen Ort der Kreuzigung und Auferstehung Christi errichten ließ. In Rom ist dieses Fest seit dem 7. Jahrhundert bekannt. In vielen Pfarren gibt es Andachten, bei denen Kreuzreliquien am Altar aufgestellt werden und zum Kuß dargereicht werden.

Notburga, 13. September

Die heilige Dienstmagd wurde 1268 in Tirol geboren, sie gilt als Beispiel der Nächstenliebe und Frömmigkeit. Mit Speiseresten vom Tisch ihres Herrn und vom Mund abgespartem Essen hat sie die Armen versorgt, weshalb Brotkorb oder Milchkanne zu ihren Attributen gehören. Mit der Sichel wird sie dargestellt, weil der dienstgebende Bauer nach dem Vesperläuten von ihr verlangt hatte, weiterzuarbeiten. Da hob sie die Sichel in die Höhe und diese blieb, wie von einer unsichtbaren Hand gehalten, hängen, worauf Notburga zur Andacht gehen durfte. In Goppelsberg bei Berg im Drautal ist ihr eine Kapelle geweiht, Abbildungen der Heiligen, die schon vor ihrer Heiligsprechung große Verehrung bei der Landbevölkerung genoß, gibt es viele.

Lambert, 18. September

Schon mit 32 Jahren wird Lambert zum Bischof von Maastricht ernannt. Als Opfer politischer Machtspiele muß er sieben Jahre in einem Kloster verbringen. Nach Maastricht zurückgekehrt, tritt er vehement für die Rechte der Kirche ein und wird daraufhin von fränkischen Edelleuten mit einem Speer ermordet, mit dem er auch dargestellt wird. Zu seinen Attributen gehören glühende Kohlen, weil er sie, um in der Kirche Weihrauch zu entzünden, in seinem Chorhemd getragen haben soll, ohne sich zu verbrennen. Nach Kärnten kam seine Verehrung unter dem Einfluß des Bistums Freising. Er ist Schutzheiliger der Bandagisten, Zahnärzte und Chirurgen und hilft bei Nierenleiden. 14 Kirchen in Kärnten tragen seinen Namen.

Januarius, Bürgerspitalkirche Klagenfurt

Januarius, 19. September

Im Zuge der Christenverfolgung Diokletians im 4. Jahrhundert sollte der Bischof von Benevent im Amphitheater von Neapel, zusammen mit mehreren Glaubensgenossen, getötet werden. Doch die Raubtiere rührten die heiligen Männer nicht an, man sah sich gezwungen, sie zu enthaupten. Die Verehrung des heiligen Januarius basiert auf dem Blutwunder, das alljährlich geschieht: sein in zwei Ampullen aufbewahrtes, eingetrocknetes Blut wird flüssig, wenn es in die Nähe seines Hauptes gebracht wird. Mit diesen Ampullen wird er auch im Bischofskleid dargestellt. In der Bürgerspitalkirche in Klagenfurt steht eine schöne Schnitzfigur des Heiligen.

Eustachius, 20. September

Der römische Heerführer läßt sich und seine Familie taufen, nachdem ihm der Gekreuzigte im Geweih eines Hirschen erschienen ist. Danach muß er ähnlich schwere Prüfungen wie Hiob ertragen: sein Besitz wird vernichtet, die Familie wird durch Schicksalsschläge getrennt, er glaubt sie alle tot. Er erträgt alles ohne Murren, und das Leben wendet sich wieder zum Guten. Aber unter Kaiser Hadrian muß er schließlich mit Frau und den beiden Söhnen den Märtyrertod in einem glühenden Metallstier erleiden. Eustachius gehört zu den 14 Nothelfern und wird in schwierigen Lebenslagen angerufen. Dargestellt wird er als Krieger oder Jäger mit einem Hirsch, der ein Kruzifix im Geweih trägt – weshalb er oft mit Hubertus verwechselt wird. Manchmal trägt er auch einen Ofen im Gedenken an sein Martyrium. Er ist Patron der Jäger, Förster, Strumpfwirker und Tuchhändler.

September

Mo 21 **Matthäus, Evangelist** ➧ Der Mond nimmt zu, Aufbauendes und Kräftigendes ist nun sinnvoll; Salben, Tees und Arzneien wirken in den folgenden Tagen besser. Stärkende Therapien (Bioresonanz, Bachblüten) helfen besser. Nierentees wirken günstig. Größere Gefahr von Nieren- und Blasenentzündung. ✤ Ausgiebig lüften. Backen. ✖ Milch weiterverarbeiten.

Di 22 **Mauritius** ➧ Masken und Salben für die Haut wirken besser. ✦ Fette und Öle werden nun gut aufgenommen, frisches Blütengemüse ist heute besonders wertvoll. ✤ Ausgiebig lüften, den Staub nur trocken wischen, Gebäck wird heute lockerer.

Mi 23 **Thekla* – Herbstanfang** ➧ Nieren- und Blasenentzündungen soll man durch viel Trinken vorbeugen, am besten frisches Wasser. ✤ Fenster putzen und lüften, ❀ Blumen düngen. Im Garten schneiden, was schnell nachwachsen soll.

Do 24 **Rupert*** ➧ Gegen Prostatabeschwerden und Frauenleiden wirken Tees und Sitzbäder gut. ✦ Frische Salate und Blattgemüse sind heute besonders wertvoll. Kohlehydrate werden gut aufgenommen. ✤ Kurz lüften. ❀ Guter Termin, um Heilkräuter zu sammeln. Stachelige Pflanzen pflegen und Zimmerpflanzen gießen.

Fr 25 **Firmin** ➧ Operationen an den Geschlechtsorganen verschieben, besondere Schonung in der Schwangerschaft ist nun wichtig. Aufbauende und stärkende Packungen und Masken wirken gut. ✤ Günstiger Termin für Wasserinstallationen. Betten bei Rheumaanfälligkeit nicht im Freien lüften. ❀ Blumen gießen.

Sa 26 **Kosmas u. Damian***
✦ Laut Mondkalender sollten Sie frisches Obst und Fruchtgemüse essen. Eiweiß wird gut aufgenommen. Fett legt sich jetzt leicht an, bei Gewichtsproblemen darauf achten. ✤ Obst und Früchte ernten und einkochen. Backwaren gelingen flaumiger. ✖ Die Milch bringt mehr Butter.

So 27 **Hiltrud** Ein idealer Tag zum Ausspannen und Planen. Die Wärmeeinwirkung ist nun stärker. ➧ Schonen Sie Oberschenkel und Hüfte. Aufbauendes und Stärkendes für diese Körperregionen und Organe ist sinnvoll. Operationen verschieben. ✖ Brot backen und die Milch weiterverarbeiten. ❀ Steinobstgehölze kann man gut veredeln.

September/Oktober

Wenzel ➧ Alles Ungesunde ist doppelt schädlich. Salben, Einreibungen und Arzneien wirken nun sehr gut, vor allem im Bereich der Muskel und Oberschenkel. ✣ Ausgiebig lüften. ❀ Obst und Früchte zum Verzehr oder zum Einkochen ernten, sie sind saftig, aber nicht lagerfähig.	Mo 28		
Michael* ➧ Vermeiden Sie allzu große Belastungen des Stützapparates, bei Meniskusproblemen helfen Einreibungen nun besonders gut. Eingewachsene Nägel kann man gut korrigieren. ✣ Nur kurz lüften. ✖ Bei Haustieren ist die Huf- und Fellpflege sinnvoll. ❀ Idealer Termin für alle Erdarbeiten.	Di 29		
Hieronymus ➧ Eingriffe am Knie verschieben. Haare heute schneiden, das festigt Struktur und Wurzel. ✦ Heute mineralstoffreiche Nahrung essen, viel frisches Wurzelgemüse, Salze werden gut aufgenommen. ✣ Kurz lüften.	Mi 30		
Theresia von Lisieux ➧ Die Sauerstoffaufnahme ist heute besonders wichtig. ✦ Fette und Öle werden heute vom Körper gut aufgenommen. Vorsicht bei Gewichtsproblemen. ✣ Räume und Stall gut lüften. Sommerbekleidung einwintern, backen und Milch verarbeiten.	Do 1		
Leodegar – Schutzengelfest ➧ Schonen Sie Unterschenkel, Knöchel und Venen. Bei Problemen mit Krampfadern Beine öfters hochlagern. Arzneien und Salben für diese Regionen wirken besser als üblich. ❀ Kräuter sammeln. Für Gartenarbeit ist der heutige Tag eher ungeeignet.	Fr 2		
Ewald ➧ Alle schädigenden Substanzen wie Alkohol und Nikotin wirken heute noch ungünstiger, auch Diätsünden wiegen schwerer. ✦ Kohlehydrate werden gut verwertet. ✣ Heute nur kurz lüften. ✖ Installationsarbeiten durchführen. ❀ Blumen gießen.	Sa 3		
Franz von Assisi* ➧ Ein Fußbad tut heute besonders wohl. Füße und Zehen sollten Sie möglichst schonen, eine Reflexzonenmassage wirkt da Wunder. Nährcremen und Feuchtigkeitsmasken sind in der Kosmetik nun noch effektiver. ✖ Guter Termin, um Kälber zu entwöhnen. ❀ Zimmerpflanzen gießen.	So 4		

27. SEPTEMBER – AUSLÄNDERSONNTAG
Die überdiözesane Arbeitsgemeinschaft für Gastarbeiterfragen hat diesen Ausländersonntag geschaffen. Die Katholische Kirche fordert die Österreicher und Österreicherinnen auf, ihre Arbeit mit ausländischen Mitbürgern zu teilen und mehr Verständnis für Menschen aus anderen Kulturkreisen aufzubringen. Festgottesdienste und Folkloreveranstaltungen mit Musik und Tanz der Nationen sollen dazu beitragen.
„Wenn im September viel Spinnen kriechen, sie einen harten Winter riechen."

2. OKTOBER – SCHUTZENGELFEST
Engel sind nach dem katholischen Glaubensverständnis von Gott geschaffene personale Wesen, von einer nicht in menschlicher Weise leibgebundenen Geistigkeit. Das Schutzengelfest entstand im 16. Jahrhundert in Spanien und Frankreich. Der Kirchenkalender behielt diesen Termin als gebotenen Gedenktag bei.

Thekla, 23. September

Sie gilt als die erste, die Erzmärtyrerin, die vom Apostel Paulus selbst getauft wurde. Ihre eigene Mutter zeigt sie als Christin an, in der Folge übersteht Thekla mehrere Martyrien unbeschadet. Feuer und wilde Tiere können ihr nichts anhaben, woraufhin sie freigelassen wird. Sie folgt Paulus in Männerkleidern, dieser aber schickt sie erschrocken zurück. Daraufhin sammelt sie fromme Jungfrauen um sich und predigt selbst. Thekla wird in den Sterbegebeten der Kirche besonders erwähnt, ihre Attribute sind Flammen, Löwe, Bär, Schlange, Märtyrerpalme und Kruzifix.

Rupert und Virgil, 24. September

Zwei Bischöfe in Salzburg, deren Wirken auch für Kärnten Bedeutung hatte. Rupert machte das nach der Völkerwanderung in Trümmern liegende Iuvavum zu einem Zentrum geistigen und kulturellen Schaffens. Er erschloß die Salzlager der Umgebung, um den Armen zu helfen, deshalb wird er mit einem Salzfaß dargestellt. Virgil setzte die Missionstätigkeit Ruperts fort und sandte seinen Gefährten Modestus nach Kärnten. Unter seinem Einfluß entstanden hier 19 Rupertikirchen. Virgil wird zum „Apostel Kärntens". Neben seiner anerkannten kirchenpolitischen und missionarischen Tätigkeit widmete er sich auch der Wissenschaft, was ihm den Vorwurf der Ketzerei einbrachte. Er vertrat nämlich die Ansicht, daß die Erde rund sei und auf der anderen Seite auch Menschen lebten. Dargestellt wird er als Bischof mit doppeltürmigem Kirchenmodell.

Kosmas und Damian, St. Kosmas am Krappfeld

Kosmas und Damian, 26. September

Die Zwillingsbrüder, Ärzte aus Kleinasien, behandelten Kranke unentgeltlich und haben so viele vom Christentum überzeugt. Bereits zu Lebzeiten wurden sie als Wunderheiler verehrt, so sollen sie einem Kranken das zerfressene Bein abgenommen und ihm ein gesundes, das eines gerade gestorbenen Mohren, angesetzt haben. Als sie den Märtyrertod sterben sollen, geschehen viele Wunder, bis sie schließlich enthauptet werden. Die beiden, die mit medizinischen Geräten abgebildet werden, sind Patrone der Ärzte und Apotheker, aber auch der Zuckerbäcker und Friseure. Sie werden bei Krankheiten angerufen.

Michael, 29. September

Einer der sieben Erzengel. Er, der Luzifer in die Finsternis gestürzt hat, wird am Tag des Jüngsten Gerichts durch den Schall seiner Posaune die Toten aus ihren Gräbern rufen. Er ist der Seelengeleiter mit der Seelenwaage in einer Hand. In der anderen trägt er das Schwert, mit dem er Adam und Eva aus dem Paradies vertrieben hat. Er kann aber auch als geflügelter Ritter, im Kampf gegen den Drachen der Apokalypse, auftreten. Ohne Zahl sind die Darstellungen und Stätten seiner Verehrung, die sehr oft auf Bergen gelegen sind. Michael gilt als Beschützer der Kirche und der armen Seelen, aber auch als Patron einiger moderner Berufe wie der Bankangestellten und der Radiofachleute. Seit dem Konzil von Mainz im Jahr 813 ist sein Fest für die Woche nach Herbstbeginn festgelegt, die vorher dem germanischen Gott Wotan geweiht war.

Franz von Assisi, 4. Oktober

Der Sohn eines reichen Tuchhändlers verkündete das Evangelium der Liebe, Armut und Sanftmut und löste durch seine Predigten eine religiöse Erneuerungsbewegung aus. Diese Tugenden verankerte er auch in den Regeln der drei Orden, die er gegründet hat. In nur wenigen Jahren erlangten sie große Bedeutung, vor allem wegen der Armenpflege und Seelsorge. Franziskus war geprägt von der Demut und Achtung gegenüber den Menschen und der Kreatur, alle sind ihm Schwester und Bruder – auch Sonne, Mond und Tod. Nach Kärnten kommen die Franziskaner schon bald nach seinem Tod, wo sie zahlreiche Klöster gründen. Franziskus erkennt man an der braunen Kutte und den Wundmalen, die er empfangen hat. Er trägt Kruzifix, Buch und Totenkopf und hat als Zeichen der Weltverachtung eine Weltkugel zu Füßen. Er hilft gegen Kopfweh, ist Patron der Flachshändler, Kaufleute, Schneider und Tapetenhändler.

Um Michaeli (29.), in der Tat, gedeiht die beste Wintersaat.

Oktober

Mo 5

Placidus Der volle Mond ist für sensible Menschen ein problematischer Tag, der Einfluß auf die Seele ist heute am größten, unruhiger Schlaf und Gereiztheit können sich einstellen. An dem Tag kommen mehr Babies zur Welt. ➤ Vollmond ist ein idealer Termin zum Abstillen. Operationen sollten eher verschoben werden.

Di 6

Bruno ➤ Streß kann heute leichter Kopfschmerzen zur Folge haben. Kopf, Gehirn, Gesicht und Zähne, diese Bereiche sind nun empfindlicher, daher sollte man Operationen eher verschieben. ✤ Ausgiebig lüften, neue Heizanlagen heute in Betrieb nehmen. ✖ Die Milch gibt heute mehr Butterertrag. ❀ Früchte zur Trocknung ernten.

Mi 7

Justina ✤ Heute nur kurz lüften. Böden schrubben, Schuhe putzen und imprägnieren. ✖ Günstig für alle Erdarbeiten im Garten, aber auch etwa zum Kellerausheben. ❀ Heute geerntetes Wurzelgemüse ist lagerfähig. Sehr günstiger Pflanztag für Gehölze.

Do 8

Simeon ➤ Tiefenreinigung der Haut wirkt günstig. Operationen im Halsbereich sollten Sie etwas verschieben. Guter Tag für Zahnbehandlungen. ✦ Entschlackungs- und Fastenkuren sind nun günstig, der Körper gibt leichter ab. ✤ Günstiger Termin für alle Hausarbeiten.

Fr 9

Dionysius* ✤ Ausgiebig lüften. ❀ Alles was ranken soll, heute setzen, Blumenzwiebeln stecken oder aus dem Garten nehmen und im Keller einwintern. Bäume düngen und mulchen, Rasen mähen, Schädlinge bekämpfen.

Sa 10

Kassius ➤ Operationen im Schulter- und Armbereich sollten Sie ein paar Tage verschieben. Alles, was entkrampfend, entgiftend oder entspannend ist, wirkt nun gut. Haar, das heute gewaschen wird, wird feiner, fliegt leicht. Machen Sie heute viel Bewegung in frischer Luft. ✤ Guter Termin zum Fenster putzen.

So 11

Alexander ➤ Massagen im Bereich der Schultern und Oberarme sind besonders wohltuend. Die Rheumagefahr in diesem Bereich ist nun größer. ✤ Gläser, Vasen, Gold, Silber und Messing lassen sich leichter putzen. Die Wäsche trocknet schneller, Früchte einkochen und Milch weiterverarbeiten.

Oktober

Maximilian* ❥ Magen, Leber und Galle schonen, Operationen in diesem Bereich um ein paar Tage verschieben. ✦ Vermeiden Sie Alkohol und nehmen Sie leichte Speisen zu sich. Frische Salate sind nun sehr wertvoll. ✤ Alle Wasserarbeiten jetzt erledigen. Guter Tag für die Wäsche. ❀ Blumen gießen.

Mo 12

Koloman* Im allgemeinen kann man nun Dinge tun, die viel Kraft erfordern. ❥ Entgiftende Massagen sind sinnvoll, ebenso Bäder zur Reinigung und Entschlackung. ✤ Ungeziefer bekämpfen. ✖ Heute kann man Holz schlagen, das für Brücken, Stege und Boote verwendet wird.

Di 13

Kallistus ❥ Das Wärmeempfinden ist nun stärker. Schonen Sie Ihr Herz; Herzoperationen ein paar Tage verschieben. Guter Friseurtag, die Haare wachsen nun nicht so schnell nach und werden dichter. ✤ Ausgiebig lüften! ✖ Bei Neubauten sollten nun die Dächer aufgezogen werden.

Mi 14

Theresa von Avila* ❥ Der Blutkreislauf ist nun aktiver, Herzklopfen kann schneller auftreten. ✦ Schönheits- und Entschlackungskuren jetzt ansetzen. ✤ Guter Tag für Reinigungsarbeiten, Teppiche saugen. ✖ Die Milch bringt heute mehr Butter. Guter Tag für die Weinlese. ❀ Eventuell Wintergetreide aussäen.

Do 15

Gallus ❥ Die Dauerwelle hält nun länger. ✖ Pfähle und Zäune setzen, sie sitzen fester in der Erde. ❀ Schneiden, was langsam nachwachsen soll. Guter Tag für alle Erdarbeiten, auch für die Bodendüngung nach der Ernte. Erntetag für Wurzelgemüse.

Fr 16

Rudolf ❥ Darm und Stoffwechsel sollten Sie nicht belasten. Lösende und entgiftende Massagen sind zweckmäßig. ✦ Frisch geerntetes Wurzelgemüse ist heute besonders wertvoll. ❀ Blumenzwiebeln und Knollen einwintern. Herbstdüngung vornehmen.

Sa 17

Lukas Evangelist* Magnetismus, Kraft und Licht nehmen ab, das Kälteempfinden ist wieder stärker. ❥ Warzen und Hühneraugen entfernen. Guter Tag für die Dauerwelle, sie hält länger. ✦ Verzichten Sie auf schwere Speisen. Verdauungsprobleme sind nun häufiger.

So 18

10. Oktober
Tag der Kärntner Volksabstimmung (1920)

13. Oktober – Koloman
Kolomoni-Markt in Wolfsberg
Die Zeit, in der das Vieh eingestallt bleibt, beginnt mit Mitte Oktober mit dem Gallustag (16.), danach sollten die Kühe nicht mehr ausgetrieben werden: „Galle, haßte die Kühe, wohl noch alle." Der Galle wird aber auch in alten Kalendern mit einem Messer über der Achsel abgebildet, es ist das Krautmesser, denn bald darauf ist es Zeit, das Kraut und die Rüben als letzte Frucht einzuschneiden.

Dionysius, 9. Oktober

Von Papst Fabian wird Dionysius im Jahr 250 nach Gallien geschickt und erleidet dort den Märtyrertod. Der Legende nach hat er das ihm abgeschlagene Haupt nach St. Denis getragen, jenen Ort, wo er, der erste Bischof von Paris, begraben werden wollte. So zeigen ihn auch Darstellungen immer als Bischof gekleidet, mit dem Haupt in den Händen. Er wird angerufen gegen Kopfschmerzen und zählt zu den 14 Märtyrern. Zwei Kärntner Kirchen sind ihm geweiht, die Pfarrkirche von Irschen und die Filialkirche in Längdorf bei St. Jakob im Rosental.

Maximilian, 12. Oktober

Der Sohn reicher Eltern aus Cilli (heute in Slowenien) verteilt nach dem Tod seiner Eltern den reichen Besitz an die Armen und pilgert nach Rom. Im Auftrag von Papst Pius II. wirkt er im 3. Jahrhundert als Wanderbischof in seiner Heimat Norikum und stirbt in Cilli im Jahre 284 den Märtyrertod durch Enthauptung. Er zählt zu den Schutzheiligen Österreichs, gezeigt wird er im Ornat eines Wanderbischofs mit dem Kreuz und dem Schwert in den Händen. Die Pfarrkirche in Treffen ist die einzige Kirche, die dem Heiligen in Kärnten geweiht ist.

Koloman, 13. Oktober

Auf der Pilgerreise ins Heilige Land wird der irische Pilger Koloman in Stockerau bei Wien festgenommen. Man beschuldigt ihn, ein Spion zu sein und knüpft ihn an einen Baum. Als sich seine Unschuld herausstellt, wird er begraben und zwei Jahre später nach Melk überführt, dort wird er heute noch verehrt. Auch in Kärnten ist ihm eine Kirche geweiht: St. Kollmann bei Griffen. Nach dem Volksglauben soll der Koloman-Segen unverwundbar machen. Den Heiligen erkennt man an der Pilgertracht, ein Fäßchen oder eine Pilgerflasche an seinem Gürtel, oft hält er auch einen Strick in der Hand.

Theresa von Avila, Großbuch

Lukas, Hochaltar, Gurk

Theresa von Avila, 15. Oktober

Theresa tritt im Jahr 1515 als Achtzehnjährige in den Karmeliterinnenorden von Avila ein. Sie überwindet seelische Krisen und schwere Krankheiten und sucht den Weg der Vollkommenheit. Theresa gilt als große Mystikerin und als Reformatorin des Karmeliterinnenordens. Sie stirbt 1582 in Alba und wird 30 Jahre später heiliggesprochen. Sie ist Patronin der Ordensgemeinschaften und der Bortenmacher, weil sie Handarbeit in ihren Klöstern gepflegt hat. Sie wird angerufen gegen Herzleiden, Kopfschmerzen und bei seelischen Nöten. Die moderne Kirche St. Theresa in Klagenfurt ist ihr geweiht.

Lukas, Evangelist, 18. Oktober

Der aus Antiochia stammende, berühmte Arzt soll der Maler des ersten Madonnenbildes gewesen sein – weshalb er Patron der Ärzte und der Maler ist. Er wird Begleiter des Apostels Paulus, sonst wissen wir wenig von seinem Leben. Mehr von seinem Schreiben, denn er ist Verfasser eines Evangeliums und der Apostelgeschichte. Lukas tritt in der Kunst meist zusammen mit den anderen Evangelisten auf, sehr oft in den Zwickeln der Chorgewölbe, an Kanzeln und Taufsteinen, manchmal auch beim Malen des Marienportraits. Man erkennt ihn an seinem Symbol, dem Stier.

Oktober

43. Woche

Mo 19

Paul vom Kreuz ➧ Die Heilkräfte im Körper sind sehr aktiv, Wunden heilen schneller. Hüftoperationen und Eingriffe an Nieren und Blase sollten Sie etwas verschieben. Gute Zeit für die innere und äußere Reinigung des Körpers. ✤ Ausgiebig lüften, Sommergarderobe einwintern, die Milch verarbeiten.

Di 20

Wendelin ➧ Blasenentzündungen durch Wasser trinken vorbeugen. ✦ Sie sollten heute fasten, die Entgiftungsbereitschaft des Körpers ist nun am größten. ✤ Ein guter Tag, um einen Kamin zu setzen. ✖ Tiere gewöhnen sich in neuer Umgebung gut ein. ❀ Unkraut vernichten und Ungeziefer vertilgen. Radikalen Rückschnitt bei geschädigten Pflanzen nun durchführen.

Mi 21

Ursula* ➧ Kürbiskerne gegen Prostatabeschwerden vorbeugend kauen. Alles Aufbauende wird nun gut aufgenommen, Cremes und Masken sind in der Kosmetik effektiver. ✦ Nehmen Sie hochwertige Kohlehydrate zu sich, am besten Vollkorn, frische Salate sind auch sehr wertvoll. ✤ Kurz lüften. ❀ Blumen gießen.

Do 22

Kordula* ➧ Operationen im Bereich der Geschlechtsorgane verschieben. Aufbauendes und Stärkendes wirkt gut, bei Menstruationsschmerzen wirken Tees und Sitzbäder nun besser. ✤ Alles Schädliche wirkt nun noch ungünstiger. Zimmerpflanzen gießen.

Fr 23

Johannes von Capestran ➧ Schwangere sollen sich besonders schonen. Salben und Medikamente wirken noch besser, auch Bachblüten oder Bioresonanz-Therapien wirken bei zunehmendem Mond günstiger. ✤ Betten nicht im Freien lüften. ❀ Heute gesammelte Heilkräuter sind sehr wirksam, vor allem jene, die auf die Geschlechtsorgane wirken.

Sa 24

Evergislus ➧ Achten Sie auf Hüften und Oberschenkel. Vermeiden Sie allzu große Strapazen. Muskelkrämpfe, aber auch Erkältungen können häufiger auftreten. ✦ Die Monddiät empfiehlt heute hochwertiges Eiweiß, Fruchtgemüse und viel frisches Obst. ✤ Milch verarbeiten und Brot backen ist heute günstig. Ausgiebig lüften.

So 25

Chrysantus* ➧ Die Wärmeeinwirkung ist stärker, Vorsicht bei Wärmebehandlungen. ✦ Der Körper nimmt nun alles gut auf, auch die Fettbildung wird angeregt. Achten Sie darauf bei Übergewicht. ✤ Guter Tag zum Entsaften, Obst, das heute geerntet wird, sollte man rasch verbrauchen. Die Butter gelingt heute besonders gut.

Oktober/November

Amandus – Nationalfeiertag ➧ Belasten Sie Ihre Knochen nicht über Gebühr und schonen Sie sich bei Meniskusschwäche. ✦ Salze werden heute gut verwertet, für den mondbewußten Esser sollte frisches Wurzelgemüse auf den Tisch. ✤ Holz heute nicht feucht behandeln, nur kurz lüften.

Mo 26

Wolfhard ✖ Ideal für die Fellpflege und zum Behandeln von Hauterkrankungen bei Tieren. ❀ Idealer Termin für alle Erdarbeiten und um Heilwurzeln auszugraben. Zwiebel- und Knollengemüse heute ernten. Guter Tag zum Heilkräuter sammeln.

Di 27

Simon und Judas* Das Kälteempfinden ist stärker, das Selbstbewußtsein nimmt in diesen Tagen zu. ➧ Alle Pflegemasken, Nährsalben und ähnliches wirken um diese Zeit besser. ✦ Ideale Tage für eine Aufbaudiät. ✤ Das Gebäck von heute ist sehr haltbar. ❀ Erntefrüchte sind saftiger.

Mi 28

Narcissus ➧ Schonen Sie Ihre Augen bei Lichtempfindlichkeit. ✦ Hochwertige Öle und Fette sind zu empfehlen, diese werden nun besonders gut aufgenommen. ✤ Guter Tag zum Übersiedeln, um das Bettzeug und die Zimmer zu lüften. Ein Tag zum Trocknen und um lockeres Backwerk herzustellen.

Do 29

Theodgar ➧ Sauerstoffaufnahme ist jetzt besonders wichtig. Bei Krampfadern sollten Sie langes Stehen vermeiden. ✖ Guter Tag für die Milchverarbeitung. ❀ Heilkräuter sammeln, vor allem jene, die für die Stärkung von Herz, Kreislauf und Venen wirken.

Fr 30

Wolfgang* ➧ Idealer Tag für eine Fußreflexzonenmassage oder ein aufbauendes Fußbad. ✦ Essen Sie heute und morgen vor allem Blattgemüse, Salate und Vollkorngebäck, Kohlehydrate werden gut verarbeitet. ✤ Kurz lüften. ❀ Nicht vergessen: Zimmerpflanzen gießen!

Sa 31

Allerheiligen ➧ Alkohol, Nikotin und Diätfehler wirken heute noch ungünstiger. Aufbauende und stärkende Arzneien werden vom Körper gut aufgenommen. Guter Tag für die Fußpflege – allerdings ohne Metallwerkzeug – und für Feuchtigkeitspackungen.

So 1

18. Oktober – Lukas
Bei Lukas das Brennholz aus dem Bergwald, man sagte da: „Lukas, hast's Holz beim Haus? Urschl, raff' die Ruabn aus."

20. Oktober
Das heute geschlagene Holz soll angeblich dem Feuer widerstehen, wie auch überhaupt zu Neumond gefälltes Holz hochgeschätzt ist, da der Saftfluß bei seinem Minimum angelangt ist und das Holz sich nur wenig verändert, respektive arbeitet. Bei Vollmond gefälltes Holz trocknet hingegen schlecht, es ist jedoch wiederum ideal für Holzkonstruktionen, die im Wasser stehen. Der eigene saftige Zustand verhindert dann das Eindringen des Wassers und das dadurch bewirkte Aufweichen.

21. Oktober – Ursula
Bei Ursula war es früher allgemein üblich, die Rüben, als letzte Frucht, heimzubringen.
Ursulamarkt in Klagenfurt.

31. Oktober – Reformationstag
Die evangelischen Christen begehen am Vorabend des Allerheiligenfestes das Gedächtnis der Reformation. 1570 schlug Martin Luther seine 95 Thesen zu Ablaß und Buße an der Tür der Wittenberger Schloßkirche an. Der Reformationstag wird in den protestantischen Gemeinden mit Gottesdiensten, Abendmahl und Festveranstaltungen begangen.

Wendelin, 20. Oktober

Er ist aus königlichem Geschlecht, entsagt aber dem Thron und lebt als Einsiedler und Hirte in der Nähe von Trier. Als ihn sein Herr mit der Herde auf einem weit entfernten Berg beim Gebet findet, ist er erzürnt, weil Wendelin nicht rechtzeitig zurück sein werde. Als der Erboste dann auf seinen Hof kommt, ist Wendelin schon da. Er bekommt eine Zelle im benachbarten Kloster, wo er später Abt wird. Sein Grab in St. Wendel an der Saar wird bald eine Wallfahrtsstätte. Dargestellt ist er in der Kirche von Schilterndorf und in der Wallfahrtskirche „Am Marterle" bei Rangersdorf. Haustiere gehören zu seinen Attributen, er ist Patron der Hirten und Herden.

Ursula, 21. Oktober

Die fromme Tochter des Königs der Bretagne überredet ihren Bräutigam, den Sohn des englischen Königs, sich zum Christentum zu bekehren. Vor der Hochzeit will sie zusammen mit 11.000 Jungfrauen eine Pilgerreise nach Rom antreten. Bei der Rückkehr erwartet sie ihr – inzwischen bekehrter – Bräutigam in Köln, dort steht aber das Heer der Hunnen vor der Stadt. Die Schiffe der Frauen werden angegriffen, sie sterben unter einem Hagel von Pfeilen. Nur die heilige Ursula kann sich verbergen, verläßt aber ihr Versteck, um mit den anderen den Märtyrertod zu sterben. Ihrer wird am 22. Oktober gedacht. Nach dem Massaker sollen 11.000 Engel die Hunnen aus Köln vertrieben haben. Ursula wird als junge Königstochter dargestellt, mit den Jungfrauen, die sich um sie drängen. In der Hand hält sie einen Pfeil und die Märtyrerpalme. Oder auch mit einem Schiff, wie am Hochaltar der Kirche von Schlatten, die ihr auch geweiht ist.

Chrysantus und Daria, 25. Oktober

Zwei Kirchen, nämlich in Nölbling im Gailtal und in Wodmaier im Lesachtal, erinnern in Kärnten an den heiligen Chrysanthus, den sein Vater dazu verführen wollte, sich von seinem Glauben abzuwenden. Damit er sich irdischen, sinnlichen Lüsten zuwende, sperrt er ihn mit fünf Jungfrauen ein, doch der Sohn bleibt standhaft, die Frauen fallen in einen tiefen Schlaf. Um dem Vater zu gehorchen, willigt er in die Ehe mit Daria ein, legt jedoch ein Keuschheitsgelübde ab. Gemeinsam mit seiner Frau predigt er und bekehrt viele Heiden. Als man Daria in ein Dirnenhaus verschleppt, wird sie von einem aus dem Zwinger ausgebrochenen Löwen beschützt. Bei der Christenverfolgung durch Diokletian wird Chrysanthus im Jahre 304 gesteinigt und nach weiteren Martern lebendig begraben. Den heiligen Chrysanthus erkennt man an der Ritterrüstung mit Schild und Lanze, die heilige Daria neben ihm wird mit Buch, Krone, Märtyrerpalme und gemeinsam mit dem Löwen dargestellt.

Simon und Judas, 28. Oktober

Der heilige Apostel wird auch Simon der Zelot genannt. Dies bedeutet, daß er der Partei der Eiferer angehörte. Er wird meist zusammen mit Judas Thaddäus erwähnt, auch ihre Verehrung fällt auf denselben Tag. Beide führt der Weg nach Persien, wo sie gemeinsam den Märtyrertod durch Enthauptung sterben. Simon wird mit dem Apostelgewand dargestellt, mit einem Buch, einer Buchrolle und der Säge, als Symbol seines Martyriums. Judas hat neben den Attributen der Apostel oft eine Keule in der Hand. Judas Thaddäus, der oft mit Judas Ischariot, dem Verräter verwechselt wird, gilt als Patron für hoffnungslose Angelegenheiten. Ihm ist in Kärnten gemeinsam mit Simon und Agnes die Filialkirche von Faning bei Moosburg geweiht. Eine Filialkirche, in der Simon allein verehrt wird, finden wir auf einer Bergkuppe südöstlich von Globasnitz.

Wolfgang, Diözesanmuseum Klagenfurt

Wolfgang, 31. Oktober

Wolfgang, Benediktinermönch aus Einsiedeln in der Schweiz, war Missionar in Ungarn und später Bischof von Regensburg. Mit Nachdruck und Eifer bemühte er sich um einen sittenreinen Priesterstand und versuchte die oft mangelhafte Klosterzucht wiederherzustellen. Dargestellt wird der Heilige mit Bischofsstab und Kirchenmodell, oft auch ein Zimmermannsbeil in der Hand, manchmal steckt dieses Beil im Kirchendach. Nach der Legende soll er durch den Wurf des Beils von Gott erfahren haben, wo er eine Kirche oder Zelle errichten solle. Er ist der Patron der Bildschnitzer, Hirten, Holzhauer und Köhler sowie der Zimmermannsleute. Angerufen wird er vor allem bei Augenleiden, Gicht und Ruhr.

Sitzt das Laub am Baume fest, mach' Dir für den Winter ein warmes Nest.

Ist im Oktober der Himmel rein, so wird der Winter schneereich sein.

Friert im November früh das Wasser, dann wird der Jänner umso nasser.

November

45. Woche

Mo 2

Allerseelen ➧ Meiden Sie Streß, er kann heute zu Kopfschmerzen führen. Operationen im Bereich Kopf, Gesicht und Zähne sollten Sie verschieben. Alles nimmt heute mehr Wärme auf und trocknet gut. Was Sie dem Körper zuführen wird jetzt, knapp vor Vollmond, besonders gut aufgenommen; ✦ Vor allem Eiweiß wird nun optimal verwertet.

Di 3

Hubert* ➧ Für übermüdete Augen wirken Augentrostkompressen nun besonders gut. Gesichtsmasken und Nährpackungen für die Haut sind sehr wirksam. Haare schneiden, wenn sie langsam wachsen sollen. ✤ Guter Tag zum Backen flaumiger Mehlspeisen, auch Marmelade einkochen ist heute sinnvoll. Ausgiebig lüften.

Mi 4

Karl Borromäus Heute ist die Kraft des Mondes am stärksten spürbar. ➧ Operationen verschieben, die Blutungsneigung ist nun größer. ✤ Idealer Tag, um mit der Wünschelrute Quellen aufzuspüren. Heilkräuter entfalten nun größere Kräfte. Mondsüchtige Menschen wandeln im Schlaf.

Do 5

Elisabeth und Zacharias* ➧ Der Körper atmet aus, alles was reinigt und entschlackt, ist sinnvoll angewendet. Meiden Sie Zugluft, Hals und Stimmbänder sind empfindlicher. ✦ Auch Fastenkuren jetzt beginnen. ✤ Wurzelgemüse einkellern, Schuhe imprägnieren, nur kurz lüften.

Fr 6

Leonhard* ➧ Ableitende Massagen für Schultern und Arme wirken besonders gut. ✤ Fenster und Kacheln reinigen und gut lüften. ✖ Guter Tag für geselliges Beisammensein und für Umsiedelungen. Auch Tiere gewöhnen sich besser an eine neue Umgebung. Reisen ebenfalls in diesem Zeitraum beginnen. Ölfrüchte heute pressen.

Sa 7

Engelbert ➧ Guter Termin, um Warzen und Hühneraugen zu entfernen. ✦ Entschlackungs- und Schlankheitskuren beginnen. ✖ Guter Tag, um Holz zu lasieren und die Milch zu verarbeiten. ❀ Blumenzwiebeln stecken, Laub anhäufen, Bäume düngen und mulchen.

So 8

Gottfried ➧ Magen- oder Gallenoperationen sollten Sie um ein paar Tage verschieben. ✦ Diätfehler haben nicht gleich ungünstige Wirkung, obwohl gerade jetzt Fastenkuren ideal wären. ✤ Hausarbeiten gehen nun wieder leichter von der Hand. Kurz lüften. ❀ Zimmerpflanzen gießen.

November

Theodor ❥ Die Frisur hält heute schlecht. ✤ Guter Tag zum Waschen und Putzen, auch für stark verschmutzte Sachen, Schuhe putzen und imprägnieren. ✖ Malerarbeiten durchführen. Holz für Brücken, Stege und Schiffe kann man nun fällen. Die Milch ist nicht gut geeignet für die Verarbeitung. ❀ Blumen gießen nicht vergessen!

Mo 9

Leo der Große* ❥ Kein guter Tag für Herzoperationen, wohl aber für komplizierte Zahn- und Kiefereingriffe. ✤ Guter Tag für Reinigungsarbeiten und um Heizanlagen zum ersten Mal einzusetzen. Ausgiebig lüften. Haare, die man heute schneidet, wachsen dichter nach. ❀ Obstbäume und Sträucher können Sie heute ausschneiden.

Di 10

Martin* ❥ Entgiftende Massagen wirken sehr gut, Entschlackungskuren sind nun ideal terminisiert, der Blutkreislauf ist intensiver, Herzklopfen tritt häufiger auf. ✤ Es trocknet heute gut. Lüften! ✖ Idealer Tag für die letzte Weinlese (Spätlese), Obst und Früchte rasch verarbeiten, günstig für die Milchverarbeitung.

Mi 11

Kunibert ✤ Schuhe eincremen oder imprägnieren. Kein Tag zum Einlagern oder Einkochen. Heute nur kurz lüften. ✖ Pfosten und Zäune kann man nun setzen, sie halten besser bei abnehmendem Mond. Guter Zeitpunkt für alle Erdarbeiten. Schädliches wirkt nicht so stark, man kann malen oder lackieren.

Do 12

Stanislaus ❥ Übungen und Massagen zum Entspannen und Entgiften wirken günstig. ✤ Gut für den Friseurbesuch, die Frisur hält länger, auch die Dauerwelle. ❀ Ein günstiger Termin zum Verpflanzen oder Umtopfen, aber auch, um Möbel umzustellen.

Fr 13

Alberich ❥ Schonen Sie Ihren Darm und gehen Sie behutsam mit Salz um. Wurzelbehandlungen an Ihren Zähnen sollten heute eher problemlos verlaufen. ✦ Die Mondküche empfiehlt frisches Wurzelgemüse. ✤ Aufräumen und kurz lüften. ✖ Der Tag ist günstig, um finanzielle Verhandlungen zu führen.

Sa 14

Leopold III.* Alles nimmt heute mehr Licht und Luft auf. Ein guter Tag, um Beziehungen aufzufrischen. Der Körper atmet aus und gibt ab. ❥ Ableitende und entgiftende Maßnahmen für Nieren und Blase sowie Reinigungskuren für die Haut sind heute sehr wirkungsvoll. Heute geschnittenes Haar behält die Form. ✤ Intensiv lüften.

So 15

11. November – Martin

Martini war ein wichtiger Rechtstermin im Jahreslauf: Gesindewechsel, Zinstermin (Gänse) und Märkte fanden an diesem Tag statt. Vor der Fastenzeit feierte man ein üppiges Mahl, bei dem das Martinigansl aufgetischt wurde, nachdem ja Gänse zu diesem Termin als Naturalabgabe in großen Mengen verfügbar waren. Dazu verkostete man den neuen Wein. Zu Martini wird nämlich der Sturm zum Wein, der Heurige zum Alten. In St. Martin bei Feldkirchen gab es bis 1960 am Martinstag in der Kirche Hühneropfer. Vor dem Gottesdienst brachten die Bauern lebende Hühner, die anschließend versteigert wurden.

Am 11. 11. um 11 Uhr 11 rufen die Narrenvereine den Karneval aus. Der Termin könnte mit den früher ausgelassenen Bräuchen des Martinstages zusammenhängen. Die Narrenzahl 11 wird auch als Allegorie für die Sünde gedeutet, die zehn Gebote überschreitet. Der Elferrat der Faschingsgilde beschließt die Aktionen der kommenden Saison.

Hubert, 3. November

Der Name kommt aus dem Althochdeutschen und bedeutet: „Der durch seinen Geist Glänzende“. Hubertus war Bischof in Maastricht und in Lüttich, er trägt auch den Beinamen „Apostel der Ardennen“, da er in dieser Gegend viel gewirkt hat. Der Legende nach war er ein leidenschaftlicher Jäger, bis ihm ein mächtiger Hirsch mit dem Kruzifix auf dem Geweih erschien und ihn bekehrte. Deshalb sind Darstellungen verbreitet, die ihn als Jäger mit dem Hirsch zeigen, fast immer auch mit Hunden. Der 3. November ist deshalb der Jagdtag schlechthin. Hubertus ist auch der Patron der Jäger, der Forstleute und der Schützengilden.

Elisabeth und Zacharias, 5. November

Elisabeth und Zacharias sind die Eltern Johannes des Täufers. Lange Zeit lebte Elisabeth kinderlos, ehe sie einen Knaben gebar, den ihr Mann Johannes nannte. Mit dem Knaben wird sie öfters dargestellt, und zwar bei ihrer legendären Flucht ins Gebirge, als Nebenszene des Kindermordes zu Bethlehem. Manchmal sieht man sie auch zusammen mit Zacharias mit dem kleinen Johannes und dem Lamm zu Füßen.

Leonhard, 6. November

Der heilige Leonhard lebte als Einsiedler in Frankreich und predigte von seiner Zelle aus. Viele Wunder und vor allem Heilungen werden ihm zugeschrieben. Als die Königin ihn bei der Geburt eines Knäbleins zu Hilfe rief, wollte sie ihn mit Gold und Silber belohnen. Er aber erbat sich ein kleines Waldstück und gründet dort das Kloster Noblac, wo er 570 als Abt starb. Er ist der Patron aller Gefangenen und Nothelfer für Pferde. Viele Bildwerke und Statuen zeigen ihn als Benediktiner mit Abtstab, aber auch mit Ketten oder Gefangenenfesseln, weil er durch seine Fürbitte die Freilassung vieler Gefangener bewirkt haben soll. Die Pfarrkirche von Bad St. Leonhard, eine der über 20 Kirchen, in denen er verehrt wird, ist von einer schweren schmiedeeisernen Kette umgeben.

Leo der Große, 10. November

Der bedeutende Kirchenlehrer und Papst reiste 452 dem Hunnenkönig Attila entgegen, Es gelang ihm, ihn von der Verwüstung Italiens abzuhalten. Er war ein guter Prediger und Verteidiger der kirchlichen Rechte. Angeblich ist ihm der heilige Petrus erschienen und hat ihm das Pallium, das liturgische Amtszeichen der Metropoliten, überreicht. Von ihm stammt der Satz: „Die Würde des Petrus geht auch in einem unwürdigen Erben nicht verloren." Dargestellt mit Papstkreuz, Tiara und dem Evangelienbuch wird er, wegen seiner Verdienste um die Kirchenmusik, als Patron der Musiker und Sänger verehrt.

Martin, 11. November

Vom heiligen Bischof Martin kennt man vor allem die Legende vom frierenden Bettler, dem er die mit dem Schwert geteilte Hälfte seines Mantels schenkt. 316 geboren, kehrt er nach dem Kriegsdienst in einer römischen Reiterabteilung nach Ungarn zurück, tauft seine Mutter und führt ein Einsiedlerleben, bis er von Bischof Hilarius nach Frankreich gebeten wird. In Tours gründet er später und nun selbst als Bischof ein Kloster, in dem er 397 stirbt. Berühmt war seine schlichte Lebensart und seine demütige Haltung. Er gilt als Beschützer aller Bedrängten und ist Patron der Bettler, Schneider, Soldaten und Waffenschmiede. Wie beliebt er ist, zeigt auch die Tatsache, daß ihm in Kärnten 44 Kirchen geweiht sind.

Stefan und Martin, Feldkirchen, Maria Dorn

Leopold III., 15. November

Der Landespatron von Österreich, Markgraf Leopold III. gilt als Musterbeispiel eines christlichen Fürsten. In einer Zeit der blutigen Kriege in Deutschland regierte er Österreich 40 Jahre lang in Frieden und Gerechtigkeit. Mit Agnes, die ebenso fromm war wie er, führte er eine glückliche Ehe, aus der 18 Kinder stammten. Nach der Legende riß der Wind einen kostbaren Schleier seiner Frau mit. Dort, wo er nach Jahren wiedergefunden wurde, erbaute Leopold das Stift Klosterneuburg. Man erkennt ihn an Herzogshut und Mantel mit Hermelinkragen, in der Hand hält er ein Kirchenmodell.

Im November schlachte der Bauer das Schwein,
und das soll bis Lichtmeß (2. 2.) gegessen sein.

Hat Sankt Martins (11.) Gans das Brustbein braun,
wird man mehr Schnee als Kälte schau'n;
ist es aber weiß, kommt weniger Schnee als Eis.

November

47. Woche

Mo 16

Othmar ➧ Trinken Sie viel klares Wasser und schonen Sie Nieren und Blase. Operationen verschieben. Günstiger Termin für das Entfernen von Zahnstein. ✦ Auf dem Speiseplan sollte Blütengemüse unter Verwendung hochwertiger Fette und Öle stehen. ✤ Fenster putzen und gut lüften.

Di 17

Gertrud ➧ Schwangere sollten sich in den nächsten Tagen nicht überanstrengen. Operationen im Bereich der Geschlechtsorgane wenn möglich um einige Tage verschieben. Bäder zur Reinigung und Entschlackung sind nun sinnvoll. ✤ Guter Waschtag.

Mi 18

Odo ➧ Warzen und Hühneraugen entfernen, Nägel schneiden. ✦ Kohlehydrate und frisches Blattgemüse entspricht der Mondernährung. ✤ Auch heute ideal zum Waschen und Putzen, Zimmerpflanzen gießen. ✖ Holz, das heute gefällt wird, ist für Möbel oder Schnitzereien gut geeignet.

Do 19

Elisabeth von Thüringen* Sie sollten sich heute etwas Gutes gönnen und viel Sonne aufnehmen. Die lunare Kraft ist nun am Wendepunkt, das Wetter schlägt oft um in diesen Tagen. ✦ Wer am Neumondtag fastet, beugt 100 Krankheiten vor, heißt es im Volksmund. ❀ Radikaler Rückschnitt bei geschädigten Pflanzen hilft jetzt.

Fr 20

Korbinian Es beginnt wieder die Zeit, in der der Körper alles besser aufnimmt. ➧ Schonen Sie heute und morgen besonders Oberschenkel und Hüften. ✦ Alle Aufbaudiäten und alles Kräftigende wirkt nun besser. Das Fettwachstum wird nun wieder angeregt. ✤ Guter Termin zum Backen und für die Milchverarbeitung. Ausgiebig lüften!

Sa 21

Gelasius ➧ Beginnen Sie nun eine Vitaminkur. Feuchtigkeitsmasken und Nährcremen wirken nun gut. Schonen Sie sich beim Sport, Muskelkrämpfe treten häufiger auf. Eingewachsene Nägel in Ordnung bringen. ✦ Eiweiß wird sehr gut verwertet. ❀ Im Garten kann man schon Pfropfreiser schneiden.

So 22

Cäcilia* ➧ Massagen zur Kräftigung sind nun sinnvoll. Heilsalben und Arzneien wirken besser, vor allem Umschläge und Einreibungen bei Meniskus- oder Gelenksproblemen. Belasten Sie Ihren Stützapparat nicht allzu sehr in diesen Tagen. Nagelpflege ist nun günstig. ✤ Gebäck von heute ist haltbarer. Kurz lüften.

November

Klemens* Das Kälteempfinden ist etwas stärker, der Körper atmet ein. ➧ Allzu große Belastungen der Knochen sollte man vermeiden. Operationen am Knie und anderen Gelenken verschieben. ✦ Salze und Mineralstoffe werden gut aufgenommen. ✖ Jungtiere nun entwöhnen.

Mo 23

Modestus ➧ Alle Maßnahmen gegen unreine Haut sind nun wirkungsvoller. Kein guter Zahnarzttermin. ✤ Die Reinigung von Problemflecken ist heute schwierig, kurz lüften. ✖ Guter Tag für Planungen und Verhandlungen, Kauf und Verkauf. Bei Tieren wird nun die Pflege der Hufe und des Fells besonders angeraten.

Di 24

Katharina* ➧ Unterschenkel und Venen sind heute und morgen besonders sensibel. Operationen, etwa der Krampfadern, wenn möglich verschieben. Unterstützende Behandlungen hingegen wirken nun besonders gut. ✤ Heute und morgen sind günstige Tage zum Übersiedeln, auch für Tiere, die einen neuen Stall beziehen.

Mi 25

Konrad* ➧ Die Gefahr von Venenentzündung ist größer, meiden Sie langes Stehen. Alle kräftigenden Tees und Arzneien für Nerven und Kreislauf wirken gut. ✦ Verwenden Sie hochwertige Öle und Fette für Ihre Ernährung, diese werden heute besonders gut verwertet. ✤ Gut lüften, Holz nicht naß säubern. ✖ Die Milch weiterverarbeiten, die Ergebnisse sind nun gut.

Do 26

Virgil ➧ Eine Fußreflexzonenmassage ist nun wirkungsvoll, ein aufbauendes Fußbad ebenso. Nährmasken und Heilsalben sind wirkungsvoller als sonst. Alle aufbauenden Behandlungen sprechen besser an. ✤ Fußböden kehren, nicht wischen, kurz lüften und Blumen gießen.

Fr 27

Berta ➧ Beim Sport sollten Sie sich vor zu großer Beanspruchung der Füße, Zehen und Fersen hüten, sie sind nun empfindlicher. ✦ Kohlehydrate werden gut verarbeitet, daher sind Vollkornprodukte heute zu bevorzugen. ✤ Kein guter Tag für die Milchverarbeitung, sie ist wäßriger. ❀ Zimmerpflanzen gießen.

Sa 28

Jutta ➧ Kopfschmerzen durch Streß können nun häufiger auftreten. Trinken Sie viel Wasser und vermeiden Sie Süßigkeiten und Kaffee. Augenbeschwerden mit Augentrostbädern lindern. ✤ Bäckereien und Marmeladen gelingen gut, die Milch gibt heute viel Butter. ✖ Es trocknet gut, Stall und Wohnung ordentlich lüften. ❀ Reiser für Stecklinge schneiden und aufbewahren.

So 29

25. November – Katharina
Sie zählt zu den drei populären weiblichen Heiligen: „Barbara mit dem Turm, Margaretha mit dem Wurm und Katharina mit dem Radl, das sind die drei heiligen Madl".
Gemäß dem alten Motto „Kathrein stellt den Tanz ein" haben sich viele Trachten- und Volkstanzvereine dieses Termins für ihre Veranstaltungen bedient. Es war die letzte Möglichkeit, den Tanz auszukosten, denn dann durfte erst wieder im Fasching getanzt werden.

Elisabeth von Thüringen, 19. November

Die Tochter des ungarischen Königs Andreas II. und Gertruds von Kärnten wurde schon als Kind auf die Wartburg geschickt, um Ludwig von Thüringen zu heiraten. Unerschüttert von den Verleumdungen ihrer Umgebung teilte sie alle verfügbare Nahrung und Kleidung mit den Armen. Als ihr Mann beim Kreuzzug starb, gründete sie ein Kloster und widmete sich dort der Armen- und Krankenpflege. Sie erlegte sich selbst jede erdenkliche Buße auf, 1231 stirbt sie, kaum 24 Jahre alt, an körperlicher Auszehrung. Heiliggesprochen wurde sie schon vier Jahre später. Elisabeth wird häufig beim Verteilen von Almosen dargestellt, auch mit einem Krug, Broten oder einem Rosenkorb. Auf dem Kopf trägt sie eine Krone. Die Tradition der Krankenpflege führen die Elisabethinen in Klagenfurt fort.

Cäcilia, 22. November

Der Name der frühchristlichen Märtyrerin wird als „Himmelslilie" gedeutet. Bei der Hochzeit mit dem heidnischen Valerian hört sie statt der Musik der Spielleute nur himmlische Weisen, weshalb sie später zur Patronin der Kirchenmusik erhoben wurde und mit einer Orgel dargestellt wird. Sie bekehrte ihren Mann und dessen Bruder zum Christentum, beide Männer werden wegen ihres Glaubens erschlagen und auch Cäcilia wird ergriffen. Sie übersteht das Martyrium im heißen Bad, auch der Henker vermag nicht, ihr den Kopf abzuschlagen. Sie stirbt erst drei Tage später, nachdem sie all ihren Besitz an die Armen verschenkt hat. In Kärnten ist ihr die ehemalige Bürgerspitalkirche in Althofen geweiht.

Klemens, 23. November

Der gelehrte Römer wurde von Petrus persönlich zu seinem Nachfolger bestimmt. Während der Christenverfolgung unter Kaiser Trajan wurde er auf die Krim in ein Lager verbannt. Schwere Arbeit im Steinbruch und Wassernot quälen die Sträflinge. Ein Lamm weist Klemens die Stelle, wo er nach einer Quelle schlagen soll. Als in Rom bekannt wird, daß sich viele durch ihn taufen lassen, läßt ihn Trajan mit einem Anker um den Hals ins Meer stürzen. Aber das Meer teilt sich und sein Sarg erscheint in einem marmornen Tempel. Klemens wird als Patron der Bergleute, Steinmetze und Seeleute verehrt, er wird bei Gewitter und Sturm angerufen. Die Kirche von St. Klementen am Krappfeld trägt seinen Namen, dort steht er auch in päpstlicher Kleidung, einen Anker neben sich, am Hochaltar.

Katharina, Bad Kleinkirchheim

Konrad, Stiftsmuseum St. Paul

Katharina von Alexandrien, 25. November

„Die Katl mit dem Radl" wird die überaus schöne und gelehrte Königstochter im Volksmund genannt. Nach ihrer mystischen Vermählung mit Christus widerlegt sie 50 Philosophen des Kaisers Maxentius und überzeugt sie vom Christentum – genauso wie seine Gemahlin und 200 Ritter. Alle werden nach grausamen Martern enthauptet. Katharina wird auf ein mit Messern und Nägeln gespicktes Rad gebunden, mit dem sie auch dargestellt wird. Als ein Blitz das Rad zerschlägt, wird sie enthauptet. Katharina gehört zu den 14 Nothelfern, weshalb sie in vielen Kirchen zu finden ist. Sie wird bei allen Leiden und bei Gehemmtheit der Zunge angerufen. Sie ist Patronin der Universitäten, der Wagner und Müller. Eine der ihr geweihten Kirchen wurde in Bad Kleinkirchheim über einer Heilquelle errichtet, St. Katharina im Bade.

Konrad, 26. November

Mildtätigkeit, Frömmigkeit und äußerste Selbstbeherrschung zeichneten den Bischof von Konstanz aus, der im 10. Jahrhundert wirkte. Als nach dem österlichen Pontifikalamt eine Spinne in den Kelch gefallen war, soll er ohne Scheu getrunken haben. Die Spinne aber kam während des Mittagessens unversehrt wieder aus seinem Mund hervor. Die früheste Darstellung in Kärnten befindet sich auf einer Stickerei, die im Stift St. Paul aufbewahrt wird.

Cäcilie (22.) setzt sich schon mit Dank am warmen Ofen auf die Bank.

November/Dezember 49. Woche

Mo 30

Andreas* ➧ Alles Aufbauende und Kräftigende spricht gut an. ✦ Eiweiß wird nun besonders gut aufgenommen, Vorsicht bei Allergien! ✖ Christbäume schneiden, die Regel lautet: 3 Tage vor Vollmond, dann behalten sie lange ihre Nadeln. Auch Holz, das nun geschlägert wird, fault nicht und wird sehr hart.

Di 1

Eligius ➧ Schonen Sie Hals und Stimmbänder, die Erkältungsgefahr ist nun größer. Bei Halsentzündungen soll ein Apfel-Kren-Brei sehr schmerzlindernd sein. Mandeloperationen sollte man etwas verschieben. ✦ Mineralstoffreiche Nahrung wird empfohlen, Salze werden heute und morgen sehr gut verwertet.

Mi 2

Lucius ➧ Meiden Sie Zugluft. Aufbauende und kräftigende Massagen sind nun sehr wirkungsvoll. Haar, das heute geschnitten wird, läßt sich schwer frisieren. ✤ Heute nur kurz lüften. ✖ Ein günstiger Tag für alle Erdarbeiten. Jungtiere entwöhnen.

Do 3

Franz Xaver Die lunare Kraft ist nun am größten. ➧ Ein Tag an dem Sie sich eher schonen sollten. ✦ Auch ein Fasttag ist heute sehr sinnvoll. ✤ Es heißt, wenn man Kleidung in den Mondschein hängt, entweicht alle negative Energie. ✖ Im Stall gibt es an diesem Tag meist viel Arbeit, gilt doch der Vollmond als idealer Geburtstermin für Kälber, Ferkel und Lämmer.

Fr 4

Barbara* ➧ Nun beginnt der Körper wieder auszuatmen und abzugeben. ✦ Fastenkuren können nun begonnen werden. ✤ Heute ausgiebig lüften, einwintern, verstauen. ✖ Die Milch weiterverarbeiten, sie gibt gute Erträge. ❀ Nicht vergessen: Barbarazweige schneiden, dann blühen sie zu Weihnachten und verheißen ein segensreiches Jahr.

Sa 5

Gerald ➧ Magen, Leber und Galle schonen. Bäder zur Reinigung und Entschlackung sind nun günstig. ✤ Idealer Termin, um mit dem großen Weihnachtsputz zu beginnen; alle stark verschmutzten Dinge kann man nun gut putzen. Große Wäsche waschen und Holzböden schrubben. Kurz lüften. ❀ Zimmerpflanzen gießen.

So 6

Nikolaus* ➧ Man kann Warzen und Hühneraugen nun gut entfernen. Haare waschen. ✦ Eine Fastenkur im Advent, sowohl als Vorbereitung auf das Weihnachtsfest als auch aus gesundheitlichen Gründen, wäre nun sinnvoll und vom Termin ideal. ❀ Nicht vergessen: Blumen gießen!

Dezember

Ambrosius* ➧ Haare, die man nun schneidet, werden dichter. ✤ Guter Tag, um Lebkuchen oder Kekse zu backen. ✖ Guter Tag für Malerarbeiten, Schädliches zeigt heute weniger Wirkung. Zäune oder Pfosten setzen, Mist ausführen.

Mo 7

Mariä Empfängnis ➧ Sorgen Sie für wenig Streß und leichte Kost, der Blutkreislauf ist aktiver, Herzklopfen und Schlafstörungen treten häufig auf. Warzen und Muttermale entfernen. ✤ Die Milch von heute weiterverarbeiten, ausgiebig lüften.

Di 8

Eucharius ➧ Guter Tag für schwierige Zahnextraktionen, es heilt gut. Ableitende Reflexzonenmassage ist günstig. ✦ Ebenso Fastenkuren und Entschlackungsdiäten. ✤ Die Wärmeeinwirkung ist nun größer, es trocknet gut. ❀ Man kann Sträucher und Bäume ausschneiden.

Mi 9

Eulalia ➧ Darmoperationen, so kein Notfall, verschieben. Zum Friseur gehen, die Dauerwelle hält nun länger. ✦ Heute und morgen auf schwere Speisen verzichten. ✤ Planen, Putzen und Ordnen, das sind günstige Tätigkeiten für den heutigen Tag. Eventuell Weihnachtseinkäufe erledigen.

Do 10

David ➧ Der Körper atmet aus, alles Reinigende wirkt nun sehr gut. Entgiftende Massagen sind zweckmäßig. Das Kälteempfinden ist stärker. ✦ Die Monddiät empfiehlt für heute Rohkost und Wurzelgemüse. ✤ Schuhe putzen, eincremen oder imprägnieren. Kurz lüften ✖ Dachrinnen reinigen.

Fr 11

Hartmann ➧ Guter Operationstermin ausgenommen Hüften-, Nieren- und Blasenoperationen. Beim Haar, das heute geschnitten wird, hält die Frisur besser. ✤ Ein idealer Tag für den Weihnachtsputz – Glas, Fenster und Kacheln lassen sich leichter reinigen, die Wirkung hält länger.

Sa 12

Lucia* ➧ Lösende und entgiftende Maßnahmen sind nun sehr günstig. Nieren oder Blasenentzündungen treten häufiger auf, man sollte vorbeugend viel Wasser trinken. ✦ Für die Ernährung empfehlen sich Blütengemüse und hochwertige, kaltgepreßte Öle. ✤ Ausgiebig lüften!

So 13

4. Dezember – Barbara

Barbaraweihen werden in den meisten größeren Bergbaubetrieben Österreichs abgehalten. Am Barbaratag werden Zweige von Kirsch- oder anderen Obstbäumen geschnitten und im warmen Zimmer eingewässert. Wenn sie zu Weihnachten blühen, verheißen sie Glück und Segen, früher wurden sie auch als Heirats- und Ernteorakel verwendet.

Nach der Milz des ersten Schweines, das im Dezember geschlachtet wurde, schlossen die Bauern früher auf das Winterwetter. „Hat das Schwein eine lange Milz, so gibt es viel Schnee“ oder dauert der Winter eben lang, „ist die Milz dick, dann schneit es ebenfalls viel“ und zwar je nachdem, ob am Anfang oder am Ende der Milz, eben dann auch am Anfang oder am Ende des Winters. Und meist glaubte man, daß auf sehr kalte Winter auch sehr heiße, trockene Sommer folgen. Unter dem Motto „Tamische Winter, tamische Sommer“.

Andreas, 30. November

Als Jünger des Johannes des Täufers folgt er mit seinem Bruder Simon Petrus, Jesus nach dessen Taufe als Apostel. Er predigt den Skythen das Evangelium, befreit den gefangenen Matthäus und gibt dem Geblendeten das Augenlicht wieder. In Südgriechenland wird er verhaftet, nach der Geißelung sollte er auf ein schiefliegendes Kreuz gebunden einen langsamen Tod sterben. Zwei Tage hängend predigt er noch, bevor er, von himmlischem Licht umhüllt, stirbt. In den Abbildungen wird er mit einem Buch und dem Andreaskreuz dargestellt, es ist das griechische X, die Abkürzung des Namens Christi. 25 Kirchen sind dem hl. Andreas in Kärnten geweiht, die Stadtpfarrkirche St. Andrä im Lavanttal aus dem Jahr 888 ist wahrscheinlich die älteste.

Barbara, Dom zu Gurk

Barbara, 4. Dezember

Schönheit und scharfer Verstand zeichneten Barbara aus. Ihr Vater sperrt sie in einen Turm, an dem sie als Sinnbild der Dreifaltigkeit drei Fenster anbringen läßt. Sie gesteht ihren Glauben, worauf sie der Vater selbst an den Haaren zum Statthalter schleift. Barbara wird gegeißelt, geschlagen, mit Fackeln gebrannt, die Brüste werden ihr abgeschnitten. Nackt soll sie auf dem Marktplatz gepeitscht werden. Da erscheint ein Engel und hüllt sie in ein weißes Gewand. Erbost tötet sie der Vater mit dem Schwert. Barbara gehört zu den 14 Nothelfern als Beistand der Sterbenden, gegen Unwetter und Feuersgefahr. Sie ist Patronin der Bergleute, Glöckner, Architekten und Artilleristen. Auf den unzähligen Darstellungen trägt sie einen Turm, einen Hostienkelch und ein Schwert. In Kärnten sind ihr die Kirche in Knappenberg und eine Kapelle auf Schloß Rothenthurn geweiht.

Nikolaus, 6. Dezember

Unzählige Legenden halten das Andenken des Bischofs von Myra lebendig. Vor allem wird seine Freigiebigkeit gerühmt – woran das Beschenken der Kinder an seinem Namenstag erinnert. Er soll drei Mädchen, die ihr Vater ins Freudenhaus

Nikolaus, St. Peter in Reichenfels

verkaufen wollte, drei Goldkugeln geschenkt haben, um ihnen eine Heirat zu ermöglichen. Mit diesem Attribut wird er dargestellt, deshalb ruft man ihn auch um eine gute Heirat an. Häufig sieht man neben ihm einen Bottich mit drei unbekleideten Knaben darin – es sind die von einem bösen Wirt zerstückelten und eingepökelten Schüler, die Nikolaus zum Leben erweckt haben soll. Auch ein Schiff kann ihm beigegeben sein, weil er auf der Fahrt zum Konzil von Nicäa ein Schiff aus Seenot gerettet hat. Er verstarb um 350 in hohem Alter. Nikolaus ist Patron der Seeleute und Bäcker, weil er seine Heimatstadt vor einer Hungersnot bewahrt hat. Von seiner großen Verehrung zeugen die 39 Kirchen, die in Kärnten seinen Namen tragen.

Ambrosius, 7. Dezember

Mit Hieronymus, Gregor dem Großen und Augustinus, den er getauft hat, gehört er zu den vier lateinischen Kirchenvätern. Als der Bischof von Mailand gestorben war, kam es zwischen Katholiken und Arianern zu einem erbitterten Streit. Ambrosius, der vermitteln wollte, wurde zum neuen Bischof gewählt, nachdem ein kleines Kind seinen Namen gerufen hatte. Er hat den Aufbau der Liturgie bestimmt und den Kirchengesang eingeführt. Ambrosius wird mit einem Bienenkorb dargestellt, weil der Legende nach ein Bienenschwarm über seiner Wiege geflogen ist. Sie träufelten ihm Honig in den Mund und flogen davon, ohne das Kind zu verletzen.

Lucia, 13. Dezember

Ihr Gelübde der Keuschheit erboste ihren Verlobten so sehr, daß er sie der Christenverfolgung Diokletians ausliefert. Sie soll in ein Dirnenhaus gebracht werden, aber ein Ochsengespann und tausend Männer können sie nicht von der Stelle bewegen. Auch Feuer und siedendes Öl können ihr nichts anhaben. Da stößt man ihr ein Schwert durch den Hals, sie stirbt aber erst, als ihr ein Priester die Hostie gereicht hat. Der Legende nach hat sie sich ihre Augen ausgerissen und ihrem Verlobten geschickt, doch die Madonna hat ihr noch schönere Augen gegeben, weshalb sie oft mit einem Augenpaar in einer Schüssel dargestellt und bei Augenleiden angerufen wird. Andere Attribute sind Palmzweig, Buch und ein Schwert, das ihren Hals durchbohrt. In Kärnten sind ihr vier Kirchen geweiht.

Geht Barbara (4.) im Grünen, geht's Christkind im Schnee.

Fließt im Dezember noch der Birkensaft, erreicht der Winter keine Kraft.

Dezember

51. Woche

Mo 14

Johannes vom Kreuz Alles nimmt mehr Licht und Luft auf. Schädliches zeigt heute weniger Wirkung. ➧ Warzen und Muttermale lassen sich gut entfernen. ✤ Ordentlich lüften. ✖ Die Milch bringt gute Ergebnisse bei der Verarbeitung. In neuen Häusern Kamine nun anschließen, es trocknet heute gut.

Di 15

Christiane Mistelzweige, die nun als vorweihnachtlicher Schmuck aufgehängt werden, haben auch entstrahlende Wirkung, sagt man. ➧ Depressionszustände können nun zunehmen, schaffen Sie sich einen Ausgleich, der Freude bereitet. ✤ Es ist ein guter Tag für die große Wäsche und für den Weihnachtsputz. ❀ Blumen gießen.

Mi 16

Adelheid ➧ Schwangere sollten sich in diesen Tagen schonen. Alles Ableitende und Entschlackende ist derzeit besonders wirkungsvoll. ✤ Auch heute ist ein günstiger vorweihnachtlicher Putztag. Nur kurz lüften und Zimmerpflanzen gießen.

Do 17

Lazarus* ➧ Oberschenkel und Hüfte sollten Sie etwas schonen. Ein Muskelkater tritt nun schneller auf. Guter Tag für eine innere Einkehr und Besinnung, Vorsätze sollte man ab morgen in die Tat umsetzen. ✤ Lüften. ✖ Guter Übersiedlungstag, auch Tiere gewöhnen sich schnell an die neue Umgebung.

Fr 18

Gratian ➧ Tanken Sie, wenn möglich, viel Sonne. ✦ Leichte Küche wird empfohlen, der Neumondtag ist der ideale Fasttag, die Entgiftungsbereitschaft des Körpers ist am größten. ✤ Holz, das heute geschlagen wird, ist feuerresistent und schwindet nicht. ❀ Geschädigte Pflanzen und Bäume soll man heute zurückschneiden.

Sa 19

Susanna Ab nun nimmt die Mondenergie wieder zu, der Körper nimmt alles besser auf. ✦ Eiweiß wird heute gut verwertet, auch Obst und Fruchtgemüse sind in der Ernährung nun günstig. Das Fettwachstum wird wieder angeregt. ✤ Guter Tag zum Brotbacken und Butterrühren. Gut lüften!

So 20

Eugen ➧ Aufbauende und kräftigende Behandlungen sind im allgemeinen nun wirkungsvoller, dies gilt auch für die aufbauende Bioresonanz-Therapie. Haar-, Haut- und Nagelpflege ist ratsam. ✦ Mineralstoffreiche Speisen auf den Tisch, denn Salze und Mineralstoffe werden gut aufgenommen. ✤ Nur kehren, nicht naß aufwischen, kurz lüften.

Dezember

Ingomar, Thomas – Winteranfang ✤ Gebackenes von heute ist haltbarer. Heute nicht sehr lange lüften. ✖ Ein guter Tag für die Huf- und Fellpflege, auch Hauterkrankungen bei Tieren lassen sich nun besser kurieren. ❀ Wenn es die Temperaturen noch zulassen, ist heute ein guter Termin für alle Erdarbeiten.

Mo 21

Jutta ➧ Die Gefahr von Venenentzündungen ist nun größer, langes Stehen sollten Sie vermeiden, die Beine ermüden auch schneller. Venensalbe wirkt nun besser. ✦ Fette und Öle werden gut aufgenommen, Sie sollten hochwertige und kaltgepreßte Öle verwenden. ✤ Letzte Chance für das Weihnachtsgebäck, es wird heute besonders locker.

Di 22

Viktoria ➧ Etwas ausspannen ist nun wichtig und sollte auch im Vorweihnachtsstreß nicht vernachlässigt werden. Die Sauerstoffaufnahme ist in diesen Tagen besonders wichtig. Salben, Cremen und Medikamente wirken nun besser. ✤ Holz nicht naß reinigen, ausgiebig lüften, backen und Butter rühren.

Mi 23

Adam und Eva – Heiliger Abend Die Meditation, Fasten und Beten stand früher im Mittelpunkt dieses Tages. Der Tradition und der Wurzeln des schönen Festes wegen sollte man sich heute wieder besinnen. ➧ Gönnen Sie sich ein Fußbad, denn die Füße sind heute besonders empfindlich. ✤ Kurz lüften. ❀ Zimmerpflanzen gießen.

Do 24

Christtag ➧ Nährmasken oder Heilsalben wirken noch besser als sonst, alles nimmt Feuchtigkeit gut auf, deshalb sind Feuchtigkeitsmasken nun sehr sinnvoll. ✦ Kohlehydrate werden heute und morgen besonders gut verarbeitet. Sie sollten Vollwertmehl verwenden. ❀ Blumen gießen nicht vergessen!

Fr 25

Stefan* ➧ Eine Fußreflexzonenmassage wäre nun sehr sinnvoll, da die Füße nun besonders sensibel und aufnahmefähig sind. ✦ Blattgemüse und Salate sollten Sie bei Ihrem Festtagstisch nicht vergessen, sie werden gut verwertet. ✤ Heute nur kurz lüften. ❀ Zimmerpflanzen gießen.

Sa 26

Johannes Evangelist* Magnetismus, Kraft und Licht nehmen wieder zu. ➧ Sie sollten ausspannen, sich vom Weihnachtsstreß erholen. Anspannung könnte sich heute leicht durch Kopfschmerzen bemerkbar machen. Alles Schädliche wirkt heute noch stärker. ✦ Viel klares Wasser trinken. ✤ Ausgiebig lüften!

So 27

18. DEZEMBER
Idealer Schlägerungstermin für Fichten und Eichen, nicht so ideal für Buchen und Kiefern.

21. DEZEMBER – THOMAS
Im neuen römischen Generalkalender scheint dieser Lostag nicht mehr auf, die Thomasnacht ist die längste Nacht des Jahres – es ist Wintersonnenwende. Daher galt sie als erste große Rauhnacht und Unruhenacht. Mitteleuropäisches Allgemeingut ist die Geschichte von den Tieren, die in der Thomasnacht über die Ereignisse des kommenden Jahres sprechen. Als Wendezeit schien die Nacht schon immer für Orakel aller Art, besonders in Liebessachen geeignet.
Wer sein Holz um Weihnachten fällt, dem sein Gebäude zehnfach hält.

28. DEZEMBER – UNSCHULDIGE KINDER
Im Mittelalter ursprünglich ein Kinderfesttag, heute ist es an diesem Tag üblich, daß Kinder mit geflochtenen Ruten oder Zweigen und unter Aufsagen des Spruches „Frisch und g'sund" Erwachsene symbolisch schlagen und dafür mit Obst oder Bäckereien belohnt werden.

Lazarus, 17. Dezember

Die Erweckung des Lazarus gehört zu den ersten Darstellungen in der christlichen Kunst. Er steht als Symbol des überwundenen Todes. Der Legende nach floh er mit seinen Schwestern Martha und Maria Magdalena vor den Juden in einem Schiff ohne Segel und Ruder über das Meer und landete schließlich in Marseille, wo er erster Bischof wurde. Die Szene, in der ihn Jesus von den Toten auferweckt, ist in vielen Christuszyklen dargestellt.

Stephan, 26. Dezember

Er ist der erste Märtyrer des Christentums, der nach der Anschuldigung der Gotteslästerung vor den Toren Jerusalems gesteinigt wird. Schon bald nach seinem Tod gehörte er über Jahrhunderte hinweg zu den beliebtesten Heiligen. Die bäuerliche Bevölkerung verehrte ihn vor allem als Pferdepatron, was mit dem Fest des germanischen Gottes Wotan zusammenhängen könnte, der Ende Dezember auf einem Pferd reitend seinen Segen austeilte. Pferdesegen, Fütterung der Tiere mit geweihtem Salz und Hafer und Umritte, wie sie auch heute noch in St. Stefan im Lavanttal stattfinden, werden in seinem Andenken vorgenommen. In den Kirchen findet man ihn im Diakongewand mit der Märtyrerpalme und Steinen.

Johannes Evangelist, 27. Dezember

Er gehörte mit Petrus und Jakobus dem Älteren zu den Vorzugsjüngern Jesu, der ihm nach dem Kreuzestod Maria anvertraute. Sein Attribut ist der Adler, der den Himmelsflug seiner Gedanken beim Schreiben des Evangeliums symbolisieren soll. Die Legende erzählt, daß er die Marter im Ölkessel unversehrt überstanden hat, in der Verbannung in Kleinasien schreibt er seine „Offenbarung", die Apokalypse. Manchmal wird er mit Kelch und Schlange dargestellt, weil er einen versuchten Giftmord unversehrt überstanden haben soll. Johannes ist Patron der Bildhauer, Buchdrucker, Buchhändler, Schriftsteller und Weingärtner. Seine Fürbitte hilft bei Epilepsie, Fußleiden, Brandwunden und gegen Hagel.

Silvester, 31. Dezember

In das Pontifikat des Papstes Silvester fällt die Anerkennung des Christentums als Staatsreligion – für die Kirche erstmals eine Zeit des Friedens und der Freiheit. Er soll Kaiser Konstantin getauft und vom Aussatz befreit haben. Die Legende erzählt, er habe im Wettstreit mit einem heidnischen Zauberer einen Stier wieder zum Leben erweckt, um die Macht Gottes über alle Götter zu demonstrieren. Deshalb wird er als Viehheiliger verehrt. Er ist am 31. Dezember 335 in Rom gestorben, es wird ihm großer Einfluß auf den Verlauf des nachfolgenden Jahres zugesprochen. Silvester wird als Papst mit Tiara, Buch und Stier dargestellt, besondere Verehrung genießt er im Lesachtal, wo ihm auch die Kapelle in Salach geweiht ist.

Silvester, Dellach im Gailtal

Habens die unschuldigen Kindlein kalt,
weicht der Frost noch nicht so bald.

Dezember

53. Woche

Mo 28

Unschuldige Kinder ➧ Alles Aufbauende wirkt besser als üblich. ✦ Eiweiß wird nun besonders gut aufgenommen. ✤ Ein guter Tag zum Brotbacken und Butterrühren. Heute gut lüften! ❀ Reiser für Stecklinge schneiden.

Di 29

Thomas von Canterbury ➧ Arzneien und aufbauende Therapien wirken nun sehr gut. Im Hals-, Kiefer- und Ohrenbereich sollten Sie geplante Operationen verschieben. ✦ Alle Mineralstoffe und Salze werden gut aufgenommen. ✤ Holz nicht naß reinigen, nur kurz lüften.

Mi 30

Hermine ➧ Bei Wind und Kälte sollten Sie Ihren Hals schützen, die Gefahr von Halsentzündungen ist nun groß. Haar, das heute geschnitten wird, läßt sich schlecht frisieren. ✦ Karotten, Kartoffeln und mineralstoffreiches Wurzelgemüse sind für die Ernährung im Mondrhythmus nun ideal.

Do 31

Silvester* ➧ Schultern und Arme sind nun jene Zonen, die der Schonung bedürfen, die aber auf kräftigende Substanzen gut reagieren. ✦ Heute sollte nur hochwertiges Fett, Butter und kaltgepreßte Öle verwendet werden. ✤ Das Gebäck von heute wird lockerer. ✖ Milch läßt sich gut für Käse und Joghurt verwerten.